Karl-Heinz Hermsch

Die Welt ohne Metaphysik

(Eine klare Sicht auf den Menschen und die Welt)

(Überarbeitete Auflage)

© Karl-Heinz Hermsch 2023

V. 8.3.23

Vorbemerkung

Es gibt u.a. 4 Arten, etwas

zu betrachten.

(Z.B. den Inhalt eines

Sachbuches):

1. Man kann das nicht verstehen.
2. Man will das nicht verstehen, weil es nicht zu dem eigenen Weltbild passt. *(Also nicht zu den Zielen, die dieses erzeugten.)*
3. Man nutzt seine kognitiven Fähigkeiten, um es zu verstehen.
4. Man hat schon vorher geurteilt und meint, alles zu verstehen.

Prolog

In diesem Buch wird der Mensch als Teil des Universums betrachtet, der, wie alles im Kosmos, nach Zielen agiert, die Gesetzen unterliegen.

Alles angeblich Metaphysische, das früher eine große Rolle gespielt hatte, weil man damit aus Unkenntnis alles erklären wollte und das teilweise bis heute nachwirkt, sind Strukturen, die sich im Gehirn entwickelt haben. Schaut man sie sich genauer an, erkennt man, dass sie darüber hinaus keinen Inhalt haben.

Es gibt weder Nichtmaterielle Ergebnisse, noch Erfahrungen. Beides findet im Gehirn statt – und dies ist materiell. Das gilt auch für den Geist, der sich in den Neuronennetzen (Mittelpunkten) befindet, bzw. aufgrund eines Zieles Möglichkeiten zu dessen Erreichen sucht.

Die Hypothese eines Nichtmateriellen haben Metaphysiker erfunden, um Zustände des Menschen zu beschreiben. Zu jener Zeit war das Gehirn des Menschen ein Rätsel, denn die Funktionen des Gehirns waren ihnen unbekannt.

Mit der Metaphysik ist die Menschheit seit 2000 Jahren keinen einzigen Erkenntnisschritt vorangekommen. Diese Art, die Welt zu sehen, ist eine Spielwiese mancher Philosophen, die ihre Wirklichkeiten - was ihnen in den Kopf kommt - heilighalten (ohne dafür Beweise erbringen zu müssen – oder zu können).

Die Metaphysik nennt sich selbst eine Wissenschaft. Deshalb hat sie auch ihren Namen in Ontologie geändert (besonders soll die zweite Silbe -logie darauf hinweisen). Wie auch immer sie sich nennt; dahinter steckt der Anspruch, dass sie Wissen schaffe. Dies ist mit Sicherheit nicht der Fall, weil alles, was sie aussagt, nicht zu überprüfen ist. Sondern sie schafft Glauben; selbst gefühlten Glauben.

Nur zu sagen: „Was ich glaube und sage, ist etwas Geistiges, Unfassbares, was nicht zu sehen, bzw. zu belegen ist", reicht nicht. Denn mit dieser Aussage kann jeder alle seine Fantasiegebilde begründen.

Auch als Alternative zu den Ontologie-Gläubigen gehe ich den realistischen Weg: Alles, was der Leser im Folgenden liest, ist eindeutig zu sehen und beweisbar.

In diesem Buch fasse ich die Grundlagen meiner Erkenntnisse zusammen.

Die Psyche des Menschen wird von seiner Wahrnehmung, die von den in ihm befindliche Zielen beeinflusst wird, gestaltet.

Hier entsteht auch Bewusstsein, das als **verstärkte Aufmerksamkeit bezüglich der Sensorik** definiert werden kann.

Gesteuert wird der Mensch von Mittelpunkten. Mit diesem Begriff bezeichne ich Neuronennetze, die durch Ziele entstanden.

Die Mittelpunkt-Mechanik ist fähig, jeweils nach Aktualität, andere Neuronennetzwerke zu beeinflussen; je nachdem, welchen Wert sie für die aktuellen Mittelpunkte haben.

- In **Ziele** versuche ich zu zeigen, das alles im Universum (also auch der Mensch), von ihnen gestaltet wird.
- **Gesetze** zeigen immer ein identisches Muster, wenn identische Substanzen unter identischen Umständen auftreten.
- Über das **Universum** wird gerne spekuliert. Wie z.B. ob es sich erweitert oder zusammenzieht. Klar sollte sein, dass es unendlich ist.
- Auch über **Bewusstsein** wird viel spekuliert und phantasiert. Obwohl seine Aufgabe nur darin besteht, dem Menschen kognitiv zu ermöglichen, etwas besser zu erkennen.
- In **Wahrnehmung** bemühe ich mich klarzumachen, dass wir zunächst nicht von der Welt gezeigt bekommen, wie sie ist, sondern von den Zielen, die in uns sind.
- Mit der **Mittelpunkt-Mechanik** versuche ich deutlich zu machen,

dass die Neuronennetze von Zielen entwickelt werden, um diese auszuführen.

Inhalt

Gespräch über

Die zentrale Bedeu-
tung der Ziele

Mit der Thematik:

**Willst du dich selbst erken-
nen, frage nach deinen Zielen.**

**Der wesentlichste Punkt ist
deren Natur: Werden sie
nicht erfüllt, drängen sie
(mehr oder weniger), je
nach dem augenblicklichen
oder allgemeinen Wert in einem Selbst mit Gefühlen, irgendwie doch noch erreicht**

10

zu werden – und sei es mit Alternativen.

„Ziele (synonym oft Werte) bestehen aus Netzwerken von Neuronen, Synapsen und Gliazellen. Diese wirken als Strickmuster und markieren bzw. generieren bei Aktivierung einen Weg dahin. Damit strukturieren sie – über Mittelpunkte – jeweils das Gehirn und in unmittelbarer Folge den Menschen und die Welt."

„Sie sagen, alle Lebewesen richten sich nach Zielen aus. Wie sind Sie darauf gekommen?", war *GP* neugierig.

„Ich habe mich gefragt, warum Menschen tun, was sie tun. Und habe immer wieder beobachtet, dass Ziele (als Mittelpunkte) die Menschen gestalten – solange sie im Wachzustand der Aufmerksamkeit sind."

„Und außerhalb des Wachseins?"

„Befindet man sich im Schlaf, oder

ähnlichen Zuständen, in denen die Mittelpunkte in ihrem Wirken nachgelassen haben, und die Gehirnstruktur sich drastisch ändert. Etwa wird die Arbeit des Stirnhirns deutlich eingeschränkt.

Der Unterschied zwischen Wachheit und dem Schlaf ist der, dass in der Ersteren die Mittelpunkte für eine Struktur sorgen; in den hier angestrebten Zielen hat das Stirnhirn einen erheblichen Anteil. Wohingegen sie im Schlaf teilweise bis auf null herabgesetzt sind (das Stirnhirn etwa ist dann teilweise blockiert – wie etwa die logischen Funktionen). So haben diese Mittelpunkte wenig Einfluss auf das Gehirn, dies kann sich erholen, das deshalb die seltsamsten Bilder hervorzaubern kann.

Nicht selten sind es irgendwie angeregte Emotionen, die mit lebhaften Fantasien ungezügelt als Realität erlebt werden.

Es sind also andere Mechanismen und Gesetze aktiv.

Alles läuft aber natürlich weiter nach Substanzen und Gesetzen ab – nur nach anderen biochemischen Zielen."

„Wie definieren Sie ‚Ziele'?"

„Allgemein: Eine Struktur zu bilden, die zu dem angestrebten Endpunkt eines Weges führt. Dazu braucht es zweierlei: Einmal muss der Mensch in sich selbst eine Struktur bilden, und er muss die Welt in einer Struktur sehen, die einen geeigneten Weg zeigt. Und so machen es alle Lebewesen, weil deren ursprüngliches Ziel das Überleben ist."

„Das heißt, das Lebewesen strukturiert sich selbst, bringt sich in eine andere Gestalt?", fragte *GP nach*.

„Nein, das jeweilige Ziel bildet diese Form."

„Ziele haben ein sehr großes Gewicht in Ihren Theoriengebäuden", stellte *GP* fest.

„Tatsächlich wird davon alles strukturiert", nickte ich. „Nehmen Sie das System Leben. In jedem Lebewesen gibt es ein Spektrum an Zielen, die sich relativieren, ablösen, miteinander verbinden, gemeinsam agierende Gruppen bilden, überdecken, um die Vorherrschaft ringen und sich in einer teilweise abwechselnden Hierarchie ordnen. Ziele kommen hinzu, andere verändern sich oder erlöschen. Jedes Ziel hat bzw. erzeugt, wenn andere Ziele hiervon berührt werden und Gefahr laufen, beeinträchtigt zu werden, seine Gegenspieler. Und jede Handlung erfolgt durch ein Bündel von Zielen, die jeweils Strukturen entwickeln, Kompromisse schließen, sich verstärken oder abschwächen. Viele Ziele ändern sich im Laufe des Lebens, bis auf die ganz tiefliegenden, z. B. der Lebenstrieb. Dieser bleibt in aller Regel immer bestehen, auch wenn man sehr alt ist."

„Das hört sich sehr kompliziert an", meinte *GP*.

„Ist es auch", nickte ich wieder. „Das ganze System ist ungeheuer vielfältig und verschachtelt. Das macht es so schwierig, genau zu sagen, wo die Triebfedern des Handelns herkommen.

Jedes Verhalten wird, wenn man es zurückverfolgt, im Lebenstrieb seinen Ursprung haben. Meist liegen zwischen diesem und dem augenblicklichen Verhalten sehr viele Zwischenstufen. Deshalb ist es oft schwer, die Verbindungen zu finden. Aber je jünger ein Lebewesen ist, umso leichter lassen sich diese feststellen. Im Laufe seines Lebens differenziert der Mensch immer mehr. Er baut sich, je nachdem, welche Ziele er in sich trägt, immer mehr aus."

„Kann man der Psyche nie auf den Grund gehen?"

„Nicht bis ins Kleinste. Wenn man aber versuchen will, sich selbst zu erkennen, hilft das Wissen, dass alles in einem von Mittelpunkten gestaltet wird – wie die Ziele des ICHs, die sich ja im Gehirn befinden und eine wesentliche Rolle spielen.

Letztlich kreisen die Menschen immer um die gleichen grundlegenden Ziele, nur der Inhalt ist jeweils anders. Das oberste Ziel ist in aller Regel der Lebenstrieb, der, wie es scheint, immer weiterwachsen und mehr will, dicht gefolgt von dem Ziel der Orientierung, dass dem Menschen sein Umfeld zeigt, welches für ihn von Wert ist, im positiven oder negativen Sinne, um entsprechend reagieren zu können. Der wesentlichste Gestaltungsfaktor ist dann die Gruppe – beginnend mit zwei Menschen – die Gesellschaft, in der man lebt. Das Ziel, anerkannt zu werden, ist wohl mit das stärkste, das einen im Leben gestaltet. So kann die Gesellschaft, in der man lebt, total zur eigenen Welt werden, d. h., sie kann einen über ihre Ziele, anders ausgedrückt: Werte, die u. a. durch den Sozialisierungsprozess verankert wurden, absolut gestalten und andere Ziele nicht zum Zuge kommen lassen."

„Sie sagen, ohne Mittelpunkt gäbe es kein Leben?"

„Lassen Sie mich noch mal definieren, was ich unter ‚Mittelpunkt verstehe: Er bedeutet die Welt, die erzeugt wird, um ein Ziel zu erreichen. Alles andere wird mehr oder weniger abgeschirmt. Er wählt aus dem, was er vorfindet und von dem er meint, dass es einen Wert für das Ziel hat, aus und gibt der Welt die Gestalt. Stellen Sie sich einmal das Unvorstellbare vor: ganz ohne Ziele zu sein. In Ihnen wäre nicht mehr das Ziel zu überleben, Ihre Be-

16

dürfnisse zu befriedigen, sich zu orientieren. Schon bei der Entstehung des ersten Lebens auf der Welt würden Sie das Ziel des Überlebens finden, das die ‚Sicht' gestaltete und die vorgefundene Welt in eine Form brachte.

Ein starkes Ziel kann den Menschen für eine gewisse Zeit völlig einnehmen und total strukturieren. Das kann man sehr gut an dem Phänomen der Liebe sehen oder wenn man eine Aufgabe vor sich hat, die einen völlig fesselt. Alles in einem selbst wird, soweit es geht, danach ausgerichtet."

„Sie meinten auch, die Ziele im Menschen sind hierarchisch ausgerichtet. Wollen Sie damit sagen, dass es eine Kommandozentrale im Gehirn gibt?"

„Nein, die gibt es nicht. Ich meine damit, dass der Rang umso höher ist, je wichtiger jeweils die Ziele sind. Zum Erreichen schließen sich Nervenzellen zu gemeinsam agierenden Gruppen, Ensembles, zusammen. Die Hierarchie kann sich ständig, nach den Anforderungen der Welt, ändern."

„Wann und wie sind diese Netzwerke eigentlich entstanden?"

„Die Gehirnentwicklung beim Menschen beginnt in der dritten Schwangerschaftswoche und ist erst 20 bis 30 Jahre nach der Geburt, weitgehend abgeschlossen.

Der Säugling besitzt schon zum Zeitpunkt seiner Geburt quasi die komplette Menge an Neuronen, aber nur einen sehr geringen Teil der Nervenfortsätze und Synapsen. Diese vermehren sich dann in atemberaubendem Tempo und vernetzen die Neuronen.
Sie werden dann verstärkt oder lösen sich wieder auf."

„Nach welchen Regeln?"

„Nach den jeweiligen Zielen. Es kommt darauf an, welchen Wert sie haben und wie intensiv sie genutzt werden. Die Erfahrungen mit der Umwelt bestimmen, welche Nervennetze stärker werden, Bestand haben und welche nicht."

„Ausschlaggebend dafür sind also die Erfahrungen, die das Lebewesen in den verschiedenen Phasen macht?"

„Je wichtiger etwas für ein Lebewesen ist, umso mehr lernt es in dieser Beziehung. Neuronennetze werden verstärkt, umgestaltet, bilden sich neu oder erlöschen."

„Reagieren die einzelnen Neuronen nur auf einen speziellen Impuls?"

„Nein, sie können auf verschiedene Anregungen mit jeweils anderen Neuronen Strukturen bilden, haben sozusagen Mehrfachfunktion: Für die jeweiligen Ziele wohnt vielen Nervenzellen die Möglichkeit inne, sich in Millisekunden auf einen Impuls hin mit anderen Zellen, die ein gleiches Potenzial in sich haben, zu organisieren.

Nehmen Sie etwa eine lebensbedrohende Situation. Diese strukturiert über diverse aktivierte Neuronen blitzschnell die innere Struktur um. Je mehr das Leben, das Überleben betroffen ist, umso stärker sind die Aktivitäten."

„Es wird also kein Befehl von ‚oben‘ gegeben?"

„Der ‚Befehl‘ ist die Wahrnehmung über die Sinne, die einen Impuls auslöst, der dann vom Gehirn in Reaktionen umgesetzt wird – wenn ein Ziel dafür vorhanden ist und der Impuls die entsprechende Wertigkeit besitzt."

„Was entscheidet über die Wertigkeit?"

„Die in einem liegenden Ziele."

„Aber, wenn Sie sagen, dass der Lebenstrieb in aller Regel ganz oben in der Hierarchie steht, dann müsste der doch irgendwo zu finden sein!"

„Er liegt in den Urstrukturen der Lebewesen, die es über die DNA weitergegeben haben."

„Könnte man die Ziele im Menschen als Neuronenverbände definieren, die u. a. durch Reize angeregt werden, eine Struktur zu bilden?"

„Ja. Und im gleichen Stil, wie Neuronen Mehrfachfunktionen haben können, ist es auch mit den einzelnen Zielen: Sie können sich zu Gruppen organisieren – zu Zielen, die Handlungsgestalten bilden können. Immer werden dann parallel diverse Ziele stimuliert, die gemeinsam Strukturen bilden."

„Lassen Sie mich wiederholen: Der Impuls, der Reiz von außen oder innen aktiviert Ziele, diese aktivieren weitere

Neuronennetze und diese wieder Lösungsprogramme."

„So ist der Ablauf", bestätigte ich.

„Wenn man von einem Mittelpunkt in den anderen geht, ist es dann so, dass man von einem Neuronennetz in ein anderes wechselt?"

„Genau."

„Noch einmal gefragt: Alles unterliegt Zielen?"

„Ja, ob anorganisch oder organisch."

„Also nicht nur die Lebewesen?"

„Schauen Sie: Nach dem sogenannten Urknall im Universum gab es hauptsächlich Wasserstoff, Helium und etwas Lithium und Beryllium. Aus diesen Gasen entwickelten sich dann unter großen Gravitationsdrucken und Kernreaktionen Galaxien mit Sonnensystemen und Planeten, und es bildeten sich in dieser Zeit alle Elemente, die wir heute kennen. Alles dies war bis zu einem bestimmten Zeitpunkt anorganisch."

"Und wurde aufgrund von Zielen geformt?"

"Wenn Substanzen oder deren Umgebung geändert werden, ergeben sich
andere Formen und Gesetze. **Denn
alles hat das Ziel, eine Gestalt
nach den Gesetzen zu bilden.** Genau dem unterliegt auch alles Organische. Gemeinsam ist ihnen also, dass
sie von Zielen und Gesetzen gesteuert
werden. Aus dieser Perspektive gibt es
keinen Unterschied zwischen Unbeleb-
tem und Belebtem.
Bei Letzterem kommen ‚nur' noch die
Ziele des Überlebens hinzu, die zu immer komplexeren Strukturen geführt
haben."

„Warum sieht man oft nicht, dass Ziele
einen gestalten?"

„Ganz einfach deswegen, weil man
glaubt, man gestaltet sich selbst, mit
seinem Bewusstsein."

--- Gestaltpsychologie ---

GP überlegte. Dann sagte er: „Sie kennen sicher **Max Wertheimer**[1], der ausführte: ‚Es gibt Zusammenhänge, bei denen nicht, was im Ganzen geschieht, sich daraus herleitet, wie die einzelnen Stücke sind und sich zusammensetzen, sondern umgekehrt, wo sich das, was an einem Teil dieses Ganzen geschieht, bestimmt wird von inneren Strukturgesetzen dieses seines Ganzen.'"

Ich nickte. „Diese inneren Strukturgesetze ergeben sich durch Ziele im Menschen; sie nehmen auf, für was er empfänglich, was für ihn wichtig ist und speichern dies als eine Ganzheit. Das ist z. B. beim Musikhören natürlich die Melodie und nicht die einzelnen Instrumente. Diese ganzheitliche Sicht ist eine wichtige Eigenschaft aller Lebewesen."

„Die Gestalttheorie Wertheimers versucht also, die Gesetze zu klären, nach welchen das Gehirn Elemente zu einem Ganzen zusammenfügt", schloss *GP*.

---

[1] http://www.lern-psychologie.de/kognitiv/wertheimer.htm

„Diese erklären sich weder aus den Gesetzen der einzelnen Teile noch aus deren Summe", ergänzte ich. „Sie erklären sich aber durch das jeweilige Ziel im Menschen, das alle Teile mit seinem Mittelpunkt in eine dem Ziel angemessene Struktur bringt, die dann im Gehirn gespeichert wird.

Das ganzheitliche Erkennen macht Sinn, um mit Situationen besser und schneller umgehen zu können."

„Ich fasse es noch einmal zusammen", sagte *GP*. „Die ganzheitliche Sichtweise des Gehirns hat das Ziel, schnelle Entscheidungen fällen zu können – würde es jedes Mal auf alle Details eingehen, dann verzögert dies sein Erfassen bzw. seine Entscheidung. Diese ganzheitliche Sicht entsteht im Menschen durch Erfahrungen, die er in ähnlichen Situationen schon mal gemacht hat. Da diese aber nur ähnlich sind, heißt das nicht unbedingt, dass sie bezüglich dieses Zieles angemessen ist, bzw. das vor einem Liegende richtig deutet."

„Richtig. In der Regel ergibt sich dadurch eine Struktur, mit der man umgehen kann, ohne sich in Details zu verlieren.

--- Universalgestalter ---

„Und Sie sagen, alles im Universum wird von Zielen gestaltet?", war *GP* weiter neugierig.

„Ja, alles hat das Ziel, eine Gestalt nach den jeweiligen Gesetzen zu bilden. Alles richtet sich nach Zielen aus."

„Auch ein lebloser Stein?" *GP* schmunzelte.

„Mit ‚lebloser Stein' meinen Sie wahrscheinlich etwas, das irgendwo herumliegt. Nun, dazu möchte ich sagen: Erstens ist schon innerhalb des Steines Bewegung, weil er aus Atomen besteht bzw. aus noch kleineren Teilchen-Wellen, die eben nicht bewegungslos sind und auch nach Gesetzen ablaufen. Und zweitens: Wenn dieser Stein bewegt wird, dann bildet er mit seiner Umgebung, den Umständen eine bestimmte Struktur nach den Gesetzen. Das meine ich, wenn ich sage: Alles hat das Ziel, eine Gestalt nach den Gesetzen zu bilden."

„Könnte ein Stein auch ohne Gesetze eine Struktur bilden?"

„Wie denn? Das ist unmöglich, weil die Gesetze den Substanzen innewohnen. Nichts kann ohne Gesetze ablaufen, weil die Substanzen Gesetze sind."

„Und daher sind Sie zu dem Schluss gekommen, dass alles das Ziel hat, eine Gestalt nach den Gesetzen zu bilden."

„Richtig, dies geschieht ganz automatisch. Es ist nicht so, dass ein Stein etwa ein Bewusstsein hätte, das darauf aus ist, Informationen zu erhalten. Er lebt ja nicht. Da aber, wie gesagt, alles nach Gesetzen abläuft, ergibt sich automatisch das Ziel, Strukturen nach den Gesetzen zu bilden.

Das Gleiche geschieht mit den Lebewesen, nur dass hier das Ziel des Überlebens hinzukommt. Dieses Ziel gestaltet den Menschen. Dies nenne ich Mittelpunkt oder Mittelpunkt-Mechanik.

Stellen Sie sich mal einen Menschen vor, der keine Ziele mehr hat. Also nicht mehr isst, trinkt usw. Was würde mit dem geschehen?"

„Der würde wohl sterben."

„Nebenbei: Ohne ein Ziel würde auch der Placebo-Effekt nicht funktionieren. Das Ziel ist hier, mittels Medikamente etwas zu erreichen. Dies erzeugt einen Mittelpunkt, der alles heranzieht, was für dieses Ziel brauchbar ist. Natürlich auch Erfahrungen, die gemacht wurden, als man schon mal irgendwelche Medikamente einnahm, die halfen. Die Logik des Gehirns ist: Wenn jetzt ein geeignetes Medikament, das von einem kompetenten Menschen kommt, gegen diese Krankheit genommen wird, dann wird sich auch dieses Ziel erfüllen.

Dadurch kann sich die innere bisherige Struktur in dieser Beziehung bis hin zur Erfüllung des Ziels verändern: von Krankheit zur Gesundheit."

„Und das wird vom Gehirn gemacht, nur weil dies ein Medikament ‚erkannt' hat, das aus dessen Sicht hilft?"

„Ja, dies reicht, durch seine Ähnlichkeit. Es sei denn, dass etwa das Bewusstsein (besser: Die Sensorik) die Information gibt, dass in dem Medikament gar kein Wirkstoff ist oder man dem nicht mehr traut, der dieses Medikament verschrieben hat. Dies würde die Wirkung stark einschränken bzw. zunichtemachen.

--- Bewusstsein-Einschränkung ---

Die weitaus überwiegende Anzahl menschlicher Reaktionen sind nicht bewusst. Bewusst wird nur ein sehr kleiner Teil, und zwar immer dann, wenn etwas Wichtiges auftritt. Dann werden über das Bewusstsein (also durch verstärkte Sinne) Informationen eingeholt. Sind sie relevant, verarbeitet das Gehirn sie mit den Mittelpunkten.

Alle anderen Reaktionen und Verhaltensweisen erfolgen über die allgemeine Aufmerksamkeit.

(Aufmerksamkeit schweift; nimmt die Außen- und Innenwelt mit den Sinnen mehr locker auf. Bewusstsein, also verstärkte Aufmerksamkeit, beschäftigt sich gezielt mit etwas.)

„Aber das muss ja eine unglaubliche Menge an Zielen mit deren Mittelpunkten sein, die den Menschen gestalten!"

„Ja, das kann man wohl sagen. Alleine eine so simple Handlung wie eine Zeitung in die Hand zu nehmen, bedarf vieler gelernter Ziele, die zusammengefasst wurden und dann automatisch ablaufen.

Immer wieder höre ich, dass Menschen Schwierigkeiten haben, zu begreifen, dass alles von Zielen geleitet wird, also auch sie selbst. Ich glaube, es ist das tägliche Leben, das sie diesen Satz nicht verstehen lässt. Weil alles so selbstverständlich ist, was geschieht. Würden sie etwas tiefer schürfen, dann könnten sie sehen, dass jede Handlung, jede einzelne Bewegung von Zielen gesteuert wird und sie bewegt. Zum Beispiel der Griff zum Wasserglas und daraus trinken."

„Viele Menschen, mit denen ich sprach, haben tatsächlich Schwierigkeiten zu verstehen, was mit ‚Ziel' gemeint ist", *GP* nickte. „Für sie ist ein Ziel etwa, eine Aufgabe zu erledigen oder etwas anzustreben. Aber eine so einfache Sache, wie einen Löffel zum Mund zu führen, ist für sie kein Ziel!"

„Weil es automatisch abläuft, ohne dass sie diesem Vorgang weitere Beachtung schenken. Würden sie dem auf den Grund gehen, dann kämen sie der Tatsache näher, dass jede einzelne Handbewegung erst gelernt werden musste. Die Motivation dazu waren Ziele.

Denn das ist ja gerade das Tückische für die Erkenntnis, dass man einfache Handlungen als selbstverständlich nimmt und nicht weiter darüber nachdenkt. Nicht realisiert, dass ganz bestimmte zielorientierte Abläufe dahinterstecken."

„Ja, das stimmt", bemerkte *GP* nachdenklich.

„Viele erstaunliche Leistungen von Menschen, die oft auf Inselbegabungen beruhen, z. B. sich in kürzester Zeit eine große Anzahl von Sachen zu merken, komplexe Rechenoperationen in wenigen Sekunden auszuführen oder eine neue Sprache außergewöhnlich rasant zu erlernen, wären ohne ein Ziel nicht möglich. Dies gibt die Struktur vor, die zur Lösung führt. Auch die künstliche Intelligenz, die ja mit Algorithmen arbeitet, kommt ohne ein vorgegebenes Ziel nicht zu einem Abschluss."

Ich machte eine kurze Pause. Dann fuhr ich fort:

--- Denkgewohnheiten ---

„Bis zum 16. Jahrhundert kannten die Menschen so gut wie gar keine Gesetze. Alles war aus ihrer Sicht von Gott bestimmt. Aber auch in unserer Zeit sind viele weit davon entfernt zu sehen, dass alles von Zielen gesteuert wird, meinen, dass die meisten Sachen sowieso von selbst geschehen und betrachten das Bewusstsein nach wie vor als etwas Metaphysisches oder so. Diese Ansichten haben sich von Generation zu Generation übertragen und prägen immer noch einige Philosophen und Menschen, die sich mit diesen Themen beschäftigen. Alle anderen nehmen das in der Regel einfach so hin, weil sie gar nicht darüber nachdenken."

„Warum sieht man oft nicht, dass Ziele einen gestalten?"

„Ganz einfach deswegen, weil man glaubt, man gestaltet sich selbst, mit seinem Bewusstsein."

„Was wäre, wenn sie ihre antiquierten Ansichten über Bord werfen würden und einmal die Überlegung anstellen, ob das Bewusstsein nicht tatsächlich lediglich ein Informationslieferant für das Gehirn ist?"

„Dafür sind die meisten Menschen in ihren Ansichten, ihren Denkgewohnheiten zu sehr gefangen. In den wenigsten liegt das Ziel, den Abläufen in ihnen auf den Grund zu gehen, sich, wie bei diesem Thema, einmal intensiv mit dem Verlauf ihres Bewusstseins zu beschäftigen. Hinzu kommen noch unzählige Menschen, die in der Welt der Esoterik, der Mystik leben und, wenn sie diese Einsicht annehmen würden, ihre Welt verletzen. Denn das Bewusstsein ist ein wesentliches Element in dem mystischen Weltbild, das von einem ,metaphysischen' Ziel mit seinem Mittelpunkt in ihnen gestaltet wird."

„Sie meinen, dieses Ziel erzeugen sie selber?"

„Sicher. Ohne es zu merken."

„Die Wahrheit interessiert sie nicht, wollen Sie damit auch sagen?", meinte *GP*.

„Die Wahrheit interessiert sie schon", entgegnete ich, „aber nur ihre Wahrheit.

Man kann dies als das Drama des geblendeten Menschen bezeichnen. Ihr Mittelpunkt, die mystische Welt, umgibt sie wie eine Glocke, die alle anderen Ansichten und Beweise abschirmt."

„Schade", bedauerte *GP*, „ich selbst finde es immer sehr spannend, neue Ansichten zu hören und darüber zu diskutieren."

„Das geht mir genauso", ich nickte. „Leider ist es oft so, dass jeder von uns ein Weltbild in sich hat, dass ein mehr oder weniger starkes Beharrungsvermögen beinhaltet. Änderungen lieb gewordener Einstellungen werden nur ungern vorgenommen.

So transportieren sich z. B. eingebrannte Bilder und Vorstellungen der Kultur, in der man aufwuchs, von Generation zu Generation. Nur zu selten werden diese hinterfragt, und wenn, dann oft mit schlechten Gefühlen, weil man damit gewachsene Strukturen infrage stellt: in sich und der Gesellschaft. Es bilden sich schnell Widerstände, die mit allen zur Verfügung stehenden Mitteln versuchen, die alten Strukturen aufrechtzuerhalten."

„Selbsterkenntnis gehört scheinbar nicht zu den Zielen vieler Menschen", meinte *GP*.

„Diesen Eindruck habe ich auch. Zur Selbstkenntnis kommt man durch Selbstbeobachtung. Wer macht das schon?"

„Komisch, ich habe Spaß daran, mich selbst zu beobachten und muss manchmal herzlich über mich lachen, wenn ich Dinge falsch gesehen oder auf einem irrtümlichen Standpunkt beharrt habe. Durch Selbstbeobachtung kommt man sich näher, sieht Züge an sich, die einem noch nicht aufgefallen sind, besonders in neuen oder kritischen Situationen.

Vielleicht liegt es auch daran, dass ich mich und mein Verhalten akzeptieren kann, mit dem Satz: ‚Was geschah, musste geschehen, wie es geschah'".

„Mir geht es genauso", bestätigte ich. „Deshalb macht es mir auch Spaß, mich mit Ihnen zu unterhalten. Ich habe schon viel von Ihnen gelernt."

„Das Kompliment kann ich zurückgeben, die Gespräche mit Ihnen sind sehr anregend für mich.

Welche Ziele sollte man haben?", fuhr er fort.

„Das kann ich so nicht beantworten. Jeder hat seine eigenen Werte. Ich kann hier nur für mich selbst sprechen, für meine Ziele: Das Wichtigste für mich ist Erkenntnis. Darin kann ich völlig aufgehen.

Was mir dabei gerade einfällt: Unzufriedenheit richtet sich immer nach der Höhe der Erwartung."

„Sie meinen, ausschlaggebend ist das jeweilige Ziel?"

„Je genauer man ein Ziel erreicht hat, umso höher ist die Zufriedenheit – und umgekehrt. Hier kann man Wurzeln für Euphorie und besonders Depression finden.

Daher sollte man sich genau überle-
gen, welche Ziele man sich vornimmt.
Sind es falsche Ziele, z. B. die nicht zu
erreichen sind, dann öffnet man der
schlechten Laune bzw. Depressionen
Tür und Tor. Falsche Ziele können die
Psyche stark belasten."

--- Lebens-Einstellungen ---

„Haben Sie Ideale?"

„Eigentlich nicht, es sei denn, Sie
rechnen die Wahrheitsfindung dazu."

„Würden Ihnen Reichtum und Ruhm
etwas geben?"

„Wenn mir der Sinn nach Reichtum
stehen würde, dann müsste ich für die
Leute nach deren Erwartungen schrei-
ben. Also etwa Märchen, Sex, Crime.
Das wären keine erstrebenswerten
Ziele für mich. Ich bin mit meinem
Leben, in dem ich nach neuen Er-
kenntnissen suche, absolut zufrieden.
Vom Reichtum hätte ich nichts, weil
das, was ich wissen möchte, in erster
Linie in mir liegt und von alleine spon-
tan hochsteigt und mich antreibt. Viel
Geld würde mir in dieser Beziehung
also nicht helfen.

Und Ruhm könnte in mir vielleicht Eitelkeit erzeugen, die meinen eigentlichen Zielen nicht hilft, sondern eher hinderlich ist. Er könnte mich davon abhalten, meine Thesen von Zeit zu Zeit immer wieder zu hinterfragen und eventuell auf sie, auch gegen berechtigte Einwände, zu beharren.

Beispiele von berühmten Persönlichkeiten gibt es hierfür ja genug."

„Sie sind anders als die meisten Menschen."

„Das habe ich nicht angestrebt. Ich bin so, wie ich bin, und so nehme ich mich auch."

„Warum streben Menschen nach Größe, danach, immer mehr haben zu wollen?"

„Ein Grund wird die Eitelkeit sein. Ich nenne es ‚Ichtelkeit'. Ein wesentliches Element des Lebens ist die Anerkennung in der Gruppe, der Gesellschaft. Die generellen Gründe werden in den Urstrukturen liegen."

„Deshalb streben Menschen nach Reichtum, bauen immer höhere Gebäude, kleiden sich auffällig, zeigen, was sie haben, versuchen, eine hohe Position in der Gesellschaft zu erreichen?"

„Ich denke, dies ist die Triebkraft. Von diesem Ichtelkeit-Mittelpunkt werden viele Menschen gestaltet."

--- Todesangst ---

„Haben Sie Angst vor dem Tod?"

„Ich weiß, dass der Mittelpunkt ‚Lebenstrieb' diese Angst erzeugt, um den Menschen anzutreiben, weiterzuleben. Es ist ihm z. B. egal, ob man todkrank ist und unter grauenhaften Schmerzen leidet oder nur noch den Wunsch hat, man möge sterben. Da ich den Grund weiß, fällt es mir einfacher, mit diesen Gefühlen umzugehen. Und: Wenn man tot ist, entfällt der Grund sowieso, Gefühle spielen dann logischerweise keine Rolle mehr."

„Warum glauben viele, dass der Tod etwas ganz Schlimmes ist?"

„Weil der Lebenstrieb einem alles Mögliche vorgaukelt. Er ist mit der stärkste Mittelpunkt im Lebewesen."

„Aber er ist letztlich auch nur ein Ziel."

„Natürlich. Deshalb ist z. B. der Freitod auch nichts Verwerfliches. Wer dies glaubt, gibt lediglich sein Gefühl, seine eigene Meinung bzw. die der Gesellschaft, in der er aufgewachsen ist oder lebt, wieder."

„Und die eigene Meinung ist immer relativ", ergänzte *GP*.

„Was halten Sie von Nahtoderlebnissen?", erkundigte er sich weiter.

„Sterben ist das Erlöschen der Organfunktionen eines Lebewesens, was zum Tod führt.

Erlebnisse kann man immer nur über die Sinne erlangen, die diese Informationen an das Gehirn schicken, damit es sich ein Bild machen kann. Und solange dies nicht tot ist, ist es fähig, Fantasien zu erzeugen. Sind die Sinne und das Gehirn tot, dann erlebt man auch nichts mehr.

Nahtoderlebnisse kommen eindeutig aus dem Gehirn. Und das Gehirn liegt mit dem, was aus ihm herauskommt, leider nicht immer richtig – dass sehen wir sehr deutlich an den Träumen.

So sollte man Nahtoderlebnissen keine große Bedeutung beimessen."

--- Erkenntnisdrang ---

„Kann man sagen, Herr Hermsch, Sie sind sich immer selbst auf der Spur?"

„Das ist so nicht ganz richtig: Ich habe aber oft spontan Gedanken und Gefühle, denen ich nachgehe, mit denen ich mich intensiv befasse. Ich recherchiere, vergleiche, falsifiziere und verifiziere und versuche, falls sie mich in meinem Erkenntnisdrang weiterbringen, diese schließlich verständlich zu Papier zu bringen. In der Hoffnung, Kritik zu bekommen, falls ich mit einer Ansicht falsch liege.

Hinzu kommt noch ein eigenartiges Perfektionsstreben in der Beziehung, dass ich Fragen, die in mir sind, bis ins Kleinste beantworten möchte. Diese Ziele sind in mir nachhaltig, also auch wenn ich Fragen beantwortet habe, tauchen diese immer mal wieder auf und bringen mich dazu, zu überprüfen, ob meine Antwort richtig war oder Fehler hatte."

„Aus Unsicherheit?"

„Aus Offenheit und Perfektionsstreben."

„Es ist also nicht nur der Drang nach einer Beantwortung da, der dafür sorgt, dass Ihnen etwas einfällt, sondern er besteht auch danach?"

„Durch dieses Perfektionsstreben fallen mir Antworten aus mir selbst zu. Und da diese Ziele in mir nachhaltig sind, gibt es dafür scheinbar nie ein Ende. Deshalb ist mir Kritik wichtig. Und deshalb schreibe ich.

Darüber hinaus wirft die Beschäftigung mit einer Frage oft immer neue Fragen auf. So kommt mein Erkenntnisdrang eigentlich nie zu einem Abschluss.

Auch während des Einschlafens und im Schlaf sind plötzlich Gedanken oder Ideen da, etwa über Themen, mit denen ich mich mal beschäftigt hatte, mir aber keine Lösung eingefallen war.

Ich mache mir dann kurz Notizen, weil ich die Erfahrung machen musste, dass, wenn ich es nicht gleich aufschreibe, die Gedanken am nächsten

Tag verschwunden sind. Ein willentliches Zurückholen dieser Ziel-Lösungen ist mir danach, wenn ich wieder aufgewacht bin, nicht möglich."

„Das alles scheint Ihnen viel zu geben", mutmaßte *GP*.

„Darin kann ich völlig aufgehen", bestätigte ich.

Gespräch über

Gesetze, die immanent und unveränderlich sind

Mit der Thematik:

1. Identische Substanzen unter identischen Umständen ergeben immer identische Ergebnisse.

2. Der Grund dafür ist, dass alles nicht zu verändernden Gesetzen unterliegt.

3. Ändert man Substanzen oder Umstände, dann

> **treten auch andere Ge-
> setze auf.**

**Das heißt auch: Es gibt keine
Substanzen ohne Gesetze.
Niemand kann sie trennen oder
ändern. Die Formel: Substanzen
= Gesetze ist universell.**

GP bemerkte: „Deine Definition für
‚Gesetze' lautet: Identische Teile oder
Wellen unter identischen Umständen
ergeben immer identische Strukturen."

Ich nickte.

„Gibt es denn etwas, was identisch
ist?", fragte er skeptisch.

„Das ist eine gute Frage. Ich habe den
Satz deshalb so formuliert, damit er
eindeutig, wohldefiniert ist.
In der Regel drücke ich ihn modifiziert
aus: Je ähnlicher sich Substanzen und
die Umstände sind, umso ähnlicher
sind auch die sich daraus ergebenden
Strukturen bzw. Gesetze.

Aber zurück zu deiner Frage: Ich würde ‚identisch' so beschreiben: Eine Substanz – mit oder ohne Masse (wie z. B. Elementarteilchen) – die in allen Eigenschaften mit einer anderen übereinstimmt. Daraus folgt, dass beide auch nach identischen Gesetzen ablaufen.

Wenn ‚identische Substanzen unter identischen Umständen' nicht ein identisches Ergebnis erzielen, dann waren entweder die Substanzen oder die Umstände nicht identisch.

„Gibt es etwas im Inhalt des Universums, das nicht nach Gesetzen abläuft?"

„Nein, Gesetze sind allem inhärent.

Deswegen ist auch nicht alles möglich, sondern nur, was die Gesetze zulassen."

„Du behauptest auch, alle Gesetze sind ewig", fuhr *GP* fort.

„Das ist richtig, die gleichen Substanzen unter den gleichen Umständen ergeben immer das Gleiche. Niemals kann man ein Gesetz ändern. Sobald man aber von einer Substanz etwas abzieht oder hinzufügt, ergeben sich andere Gesetze.

Als Beispiel eignet sich die Gestalttheorie[2]. Sie sagt, man kann das Wesen von etwas nur aus seiner Gesamtheit erfassen, also nicht, wenn man es auf die einzelnen Stücke, aus dem dieses besteht, reduziert. Aus der Gesamtheit, die letztlich immer das Gehirn erstellt (und damit etwas zufügt), ergibt sich also eine neue Gesetzmäßigkeit und Sicht das Menschen."

„Wo kommen die Gesetze her, wer hat sie gemacht?", forschte *GP* weiter.

„Die hat niemand gemacht, ebenso wenig, wie jemand das Universum kreiert hat. Sie sind, wie gesagt, den Substanzen inhärent."

Es gibt keine Substanzen ohne Gesetze.

„Die Gesetze sind also in den Substanzen bzw. der jeweiligen Umgebung", überlegte *GP* laut.

---

[2] https://wiki.infowiss.net/Gestalttheorie

„Das kann jeder nachprüfen", ich nickte. „Die gleichen Dinge – oder Substanzen – unter den gleichen Umständen ergeben immer wieder das Gleiche. Das ist ein universelles Gesetz.

Dies ist in der Makrowelt ebenso wie in der Mikrowelt, der Welt der kleinsten Teilchen-Wellen, gültig. Nur dass die Mikrowelt für Einwirkungen, etwa Wechselwirkungen, anfälliger ist, und die Gesetze hier schwieriger zu ermitteln sind."

„Warum ist es nur wenigen aufgefallen, dass **alles** nach Gesetzen abläuft?", fragte GP nun nachdenklich.

„Weil die Welt kontinuierlich in Bewegung ist. Diese Bewegung erzeugt ständig neue Konstellationen, die jeweils wieder nach anderen Gesetzen ablaufen.

Für das Überleben wäre wohl die Erkenntnis, dass alles nach Gesetzen abläuft, nicht wichtig. Wichtig ist, auf Veränderungen angemessen zu reagieren. Daher bestand kein Ziel, exakt nachzuprüfen, ob die gleichen Substanzen unter den gleichen Umständen

immer ein gleiches Ergebnis erzielen –
was ja als Definition der Gesetze gilt.

Aber jeder, der versucht, diesen Satz
zu widerlegen, wird zu dem Schluss
kommen, dass er nicht zu entkräften
ist."

--- Kausalität ---

„Was ist mit der Kausalität?", war *GP*
weiter neugierig. „Sie sagt ja aus, dass
jede Wirkung eine Ursache hat."

„Die ist in der Makrowelt ebenso wie in
der Mikrowelt, der Welt der Quanten,
gültig. In der Makrowelt, in der wir
leben, ist dies offensichtlich, wenn
man lange genug nach der Ursache
sucht.

In der Mikrowelt ist dies nicht sofort
klar. Da in der Quantenwelt schwieriger gemessen oder beobachtet werden
konnte, ohne in den Ablauf einzugrei-
fen, ist hier natürlich sehr oft der Zufall vertreten. (Zufall heißt ja Nichtwissen.) Hier ist die Kausalität natürlich
auch vorhanden, weil die inhärenten
Gesetze der Elementarteile und die
lokale bzw. nichtlokale Umgebung die
Ursache für die Wirkungen sind.
Dadurch bilden sie ihre Strukturen."

„Das Problem ist also nicht", folgerte *GP*, „dass in der Quantenwelt etwa nicht alles nach Gesetzen abläuft, sondern dass man diese sehr viel schwieriger beobachten und messen kann. Man hat es also hier generell mit einem Mess- bzw. Beobachtungsproblem zu tun?"

„Dafür wird gerne das Wort ‚Zufall‘ benutzt", ich nickte. „Heute lässt sich durch wechselwirkungsfreie Quantenmessung sehr gut messen.

Jedenfalls: Hier kommt besonders ein Satz zum Tragen, den man nicht vergessen sollte: ‚Alles hat das Ziel, eine Struktur nach den Gesetzen zu bilden‘. Richtet man sich danach, verliert die Quantenmechanik das Geheimnisvolle, und man nimmt es als naturgegeben hin."

„Wie könnte man sich Elementarteilchen, z. B. ein Elektron vorstellen, das gleichzeitig Welle und Teilchen ist?", war er weiter neugierig.

„Viele Elementarteilchen unterliegen dieser Tatsache. Wir sind es ja gewohnt, uns entweder das eine oder andere vorzustellen, etwa kurz hintereinander. Sich gleichzeitig ein Teil in zwei exakt entgegengesetzten Eigenschaften vorzustellen, ist uns nicht möglich, z. B. sich eine Katze gleichzeitig tot und lebendig zu denken.

Eine Hilfe kann das Yin- und Yang-Symbol sein. Dies soll ausdrücken, dass entgegengesetzte Eigenschaften eins sind. Wenn man sich darin versenkt, löst sich dieses Bild in eine ungegenständliche Wolke auf. So eine Wolke ist auch die Wirklichkeit der Elementarteilchen."

„Atome bestehen aus Elementarteilchen, wie Elektronen, Protonen, Neutronen, (und kleineren Elementen, wie: Quarks, Leptonen usw.) also aus virtuellen Wolken", überlegte *GP*.

„Ja, Atome und deren Bestandteile sind Wolken, in denen Teilchen und Welle eine Einheit bilden. Sie laufen nach ihren inhärenten Gesetzen ab, die bestimmen, wann sie zerfallen.

Dass der Mensch keine Vorhersagen durch Beobachten oder Messen über den Zerfall eines Atoms machen kann, sollte nach dem eben Gesagten klar sein. Vielleicht kann man sich noch die virtuellen Wolken vorstellen, aber dann

auch noch die jeweiligen Gesetze erkennen, nach denen sie ablaufen ist
quasi unmöglich."

„Also: Nur weil wir keine genaue Vo-
raussage über den Zerfall eines Atoms
machen können, daraus dann zu
schließen, dass etwas aus dem Nichts
geschieht, entbehrt jeder Grundlage",
schloss *GP*.

--- Wahrscheinlichkeitsrechnungen ---

„Das ist eindeutig", stimmte ich zu.
„Die Teilchen-Wellen-Wolken sind für
den Menschen unanschaulich bezüglich
des genauen Ablaufs. Am besten man
bemüht die Mathematik. Denn diese
kann sehr genaue Vorhersagen mit der
Wahrscheinlichkeitsrechnung machen.

**Das ist aber nur möglich, weil alles
nach Gesetzen abläuft.** Und weil die
Zahl der Variationsmöglichkeiten in
einem System zwar sehr vielfältig,
aber endlich ist.

Deshalb ist auch nicht alles möglich.

Albert Einstein fragte einmal[3]: ‚Wie
kann es sein, dass die Mathematik,

---

[3] https://gutezitate.com/zitat/134976

letztlich doch ein Produkt menschlichen Denkens, unabhängig von der Erfahrung, den wirklichen Gegebenheiten so wunderbar entspricht?'

Meine Antwort: Weil das wahre Geschehen Gesetzen unterliegt. Und weil die jeweilige Menge der Strukturen, die in dieser Beziehung eine Rolle spielen, begrenzt ist.

Das ist zu verstehen, weil mathematische Wahrscheinlichkeitsrechnungen sonst keine klaren Aussagen machen könnten.

--- Chaos ---

„Man sagt ‚Chaos' und meint damit völlige Unordnung", fiel *GP* ein. „Du sagst, auch im Chaos läuft alles nach Gesetzen ab?"

„Mit der Unordnung meint man, dass Vorhersagen über den Verlauf nicht möglich sind?", fragte ich zurück.

„Ja", *GP* nickte.

„Und wenn Voraussagen nicht möglich sind, dann herrscht Unordnung?", bohrte ich weiter.

„So wird gesagt."

„Nun, im Chaos bewegen sich Teile oder Teilchen, Wellen. Warum sollte dieser Prozess nicht nach Gesetzen ablaufen?"

„Wie ich schon sagte: Vorhersagen über den Verlauf sind schwer möglich."

„Es ist das gleiche Strickmuster wie das, was wir eben besprochen haben." Ich schüttelte den Kopf. „Weil man etwas nicht voraussagen kann, wird der Schluss gezogen, dass deshalb keine Gesetze wirken, und wir benutzen das Wort ‚Zufall'. Ist das nicht etwas zu einfach? ‚Ziel' heißt in diesem Fall lediglich, dass Abläufe nach Gesetzen erfolgen und nicht, dass sich die Teile zu einer bestimmten Ordnung nach der Vorstellung des Menschen formen."

GP überlegte. „Stimmt", nickte er dann, „es müsste erst noch bewiesen werden. Tatsächlich ist das chaotische Verhalten, das wir sehen, kein Beweis dafür, dass hier keine Gesetze herrschen."

Ich nickte ebenfalls. „Chaos heißt auch die Nichtvorhersehbarkeit aufgrund des Anfangszustandes eines Systems. Zum Beispiel, wenn man zwei scheinbar absolut gleiche Anfangszustände unter den gleichen Umständen nimmt und die Vorhersage für das Ergebnis fällt unterschiedlich aus, dann hat man nicht alle Komponenten exakt eingerechnet, die im Anfangszustand eine Rolle spielten, oder andere, die während des Prozesses einflossen."

„Das würde bedeuten, dass auch im Chaos alles determiniert ist, man aber nicht alle Komponenten kannte bzw. eingerechnet hat", überlegte *GP*.

„Die Meinung, dass nicht alles nach Substanzen und Gesetzen abläuft, wird aber in dieser Beziehung schnell gefällt. Aus Nichtwissen und weil wir nicht in das Innere des Chaos eintauchen können, um es genau anzusehen. Nicht selten auch, um etwas Mystisches zu beweisen.

Dieses Schema wird immer dann gern benutzt, wenn es für den Menschen schwierig ist, das Geschehen tiefer zu betrachten. Wie der Traum, der oftmals völlig unverständlich erscheint."

„Aber trotzdem nach Gesetzen abläuft?", versicherte sich *GP* noch mal.

„Sicher. Neuronen funktionieren nach Gesetzen.

Man stößt aber schnell an seine Grenzen, wenn man konkrete Aussagen machen will.

--- Physikalische Gesetze und Gott? ---

Wie anders als durch Gesetze sollten die Substanzen im Universum denn auch ablaufen?"

„Nun", erwiderte *GP*, „es gibt Menschen, die sagen, durch die Hand Gottes."

„Na ja, kannst du dir vorstellen, dass z. B. physikalische Gesetze durch eine Handbewegung Gottes geändert werden können oder nicht mehr gelten?"

„Nicht wirklich."

„Leute, die so etwas behaupten, sind aus meiner Sicht nicht ernst zu nehmen. Sie leben in ihrer Welt, in ihren Mittelpunkten und diese schließen die Fakten, die Realität mit ihren Komplexen einfach aus. So entgeht der Mensch der Wirklichkeit."

„Sie argumentieren aber auch: Kann mein Gefühl denn falsch sein, das mir mit einer absoluten Sicherheit sagt, dass es Gott gibt? Können meine Gefühle mir denn etwas Unrichtiges sagen?"

„Darauf gibt es eine klare Antwort: Selbstverständlich. Wenn man mal genau auf sein Verhalten schaut, beantwortet sich die Frage von selbst. Wie oft wurden Menschen schon von ihren Gefühlen getäuscht?

Nebenbei", fügte ich hinzu, „Gesetze in dem Sinne kannte man vor dem 17. Jahrhundert nicht. Es war für die damals lebenden Menschen alles von Gott bestimmt."

„Aber danach", wunderte sich *GP*, „wurde doch mehr und mehr deutlich, welche Rolle die Gesetze spielen."

„Gesetze haben oft den Beigeschmack von Zwang. Menschen mögen keinen Zwang. Sie ziehen es vor zu glauben, dass sie selbst entscheiden, ihre Freiheit haben. Der Wahrheit ist das nicht förderlich, aber ihrem Glauben.

Und dann sind da noch die kulturellen Überlieferungen, die von Generation zu Generation den Glauben an Gott weitergetragen haben. Das wurde auch gerne angenommen, u. a., weil man dadurch zeitweilig der rauen Wirklichkeit entfliehen konnte."

--- Sinn des Lebens nur durch Religion? ---

„Es wird gesagt, Religionen seien sinnstiftend", warf *GP* ein.

„Nun, wenn man sich die Geschichte der Religionen anschaut, dann kann man zu dem Schluss kommen, dass sie Unsinn stiftend sind, um es einmal moderat zu sagen."

„Aber wo sollte der Mensch denn den Sinn seines Lebens herbekommen? Und was ich schon immer mal fragen wollte: Was heißt Sinn genau?"

„Gang, Reise, Weg, eine Richtung nehmen. So bedeutet ‚Sinn' also das Ziel.

Zur Frage nach dem Sinn des Lebens: Man kann anderen Menschen helfen, man kann für Toleranz eintreten, man kann ein für seine wichtigsten Ziele selbstbestimmtes Leben führen usw.

Diese Ziele sind ohnehin in den Menschen in seinen Urstrukturen angelegt und werden zum Beispiel über die sogenannten Spiegel-Neuronen, die ich Spiegel-Mittelpunkte nenne, aktiviert. Man sieht oder interpretiert den Anderen, dies regt Ähnlichkeiten an, die wieder Mittelpunkte in einem stimulieren. Dadurch kann man ähnlich empfinden, mitfühlen. Dafür braucht es keine Religion, um menschlich zu reagieren, etwa zu helfen.

Wenn man sich dann ansieht, welche Begründungen die Religionen für ihre Existenz anführen! Und was durch den religiösen Glauben Menschen anderen schon an Grausamkeiten angetan haben.

Es sind eben nur Menschen, die die Religionen kreiert haben und die andere dann nach ihren eigenen, manchmal sehr egoistischen Zielen durchgesetzt haben.

Übersetzt man Sinn mit Ziel, und schaut sich an, was Religionen angerichtet haben, dann kann nur vor dieser ‚Sinngebung' gewarnt werden."

„Aber wie steht es mit dem Halt, den der Glaube Menschen gibt und aus dem sie Kraft schöpfen können?", fügte *GP* an.

„Das ist eine andere Sache. Dies hat nichts mehr mit der der äußeren Wirklichkeit zu tun, sondern ausschließlich mit dem Inneren des Menschen. Möglich ist es schon, dass der Glaube, als Mittelpunkt, den Menschen helfen kann, z. B. seelische Konflikte besser durchzustehen."

„Aber ist es nicht auch zu nüchtern, wenn du sagst, alles läuft nach Gesetzen ab?", kam es *GP* noch in den Sinn.

„Da alle Substanzen untrennbar mit Gesetzen verbunden sind, sollte man dies einfach so hinnehmen. Schau dich in der Welt um, wie bunt sie ist: Menschen mit ihren Verhaltensweisen und Ideen, die Natur in all ihren Erscheinungen. Alles läuft natürlich nach Gesetzen ab. Ist das wirklich nur nüchtern zu nennen?"

--- Akzeptanz der Natur ---

„Mir fällt ein", wechselte *GP* das Thema, „ist die Tatsache, dass alles nach Gesetzen abläuft, für den Menschen, für die Gesellschaft überhaupt zu akzeptieren?"

„Das ist eine gute Frage. Du hättest auch fragen können: Können die Menschen die Wahrheit ab?"

„Also die Wahrheit, für die du stehst", bemerkte *GP*.

„Jeder hat die Möglichkeit, meine Wahrheit zu widerlegen bzw. seine eigene zu finden.

Ich glaube, wenn man meiner Wahrheit folgt, dass man dann oft zwischen der Akzeptanz der Realität und seinen eigenen Mittelpunkten stände. Denn die Ziele im Menschen, in der Gesellschaft wollen sich natürlich verwirklichen. Dem steht diese Wahrheit im Wege und sie wird wohl eher ignoriert, weil die Ziele sonst scheinbar nicht zu erreichen wären.

Ein Beispiel: Wenn jemand etwas gestohlen hat, ist das aus der Sicht, dass alles so geschehen musste, wie es geschah, zwar verständlich, es passt aber nicht zu den Werten, den Zielen der Menschen, die dafür Strafe und Vergeltung verlangen."

„Wie könnte man diese fundamentalen Gegensätze vereinigen?"

„Durch Toleranz und Einsicht, indem wir einerseits sagen: ‚Es musste so geschehen‘, und andererseits: ‚Unsere Regeln sind uns wichtig‘.

Man könnte so argumentieren: ‚Wenn man dich jetzt ungeschoren davonkommen lässt, wären unsere Regeln gefährdet‘. Und was noch wichtiger ist: Dies würde nicht nur für diesen Fall, sondern eventuell auf Dauer gelten. Das könnte zu inneren Spannungen in der Gesellschaft führen.

Diese Spannung kann man nur auflösen, indem man urteilt: ‚Du hast eine Regel gebrochen, die für uns alle gilt, also auch für dich, und deswegen muss du bestraft werden‘.

Es ist schon wahr, dass alles so geschehen musste, wie es geschah, aber eine Gesellschaft würde auseinanderbrechen, wenn man alles akzeptiert und alles durchgehen lässt. Weil sie durch Regeln zusammengehalten wird.“

--- Regeln von Gut und Böse ---

„Wo kommen diese Regeln hier?“

„Die Vorstellungen von Gut und Böse bilden sich unbewusst oder bewusst, ungeschrieben oder geschrieben, z. B. durch die Urstrukturen im Menschen, durch kulturelle Prägung als Ziele in jeder Gruppe bzw. Gesellschaft. Diese Bewertungen wirken dann mehr oder weniger in Form von sozialen Normen und Moralvorstellungen in jedem Gesellschaftsmitglied."

„Du meinst", fasste *GP* zusammen, „wer etwas gemacht hat, was andere schädigte, und glaubt, er müsse dafür keine Verantwortung übernehmen, weil: ‚Was geschah, geschehen musste, wie es geschah', der sollte sich vor Augen halten, dass er gegen Regeln oder Gesetze einer Gruppe oder Gesellschaft verstoßen hat, die ohne diese auf Dauer nicht lebensfähig wäre.

Denn die Meinung, die andere vertreten, ihr Urteil, musste natürlich auch so geschehen, wie es geschah. Von daher kann der Täter den Richtern für das Urteil keinen Vorwurf machen.

Mit dem Satz: ‚Alles läuft nach Gesetzen ab', soll lediglich gezeigt werden, dass alles so geschehen musste, wie es geschah."

„Das hast du gut wiedergegeben", stimmte ich zu.

„Es sollten also immer möglichst Elemente des Verständnisses bei der Bemessung der Strafe berücksichtigt werden und in das Urteil einfließen", ergänzte *GP* noch.

„Ja, aber die meisten Menschen werden sich darüber kaum Gedanken machen, weil sie einfach weiterhin in ihren Mittelpunkten bleiben wollen und solche Einsichten dafür Hindernisse sind. Also werden sie wenig Verständnis für massives Fehlverhalten aufbringen (Fehlverhalten im Sinne der Ziele der Gesellschaft)."

„Aber ein großer Vorteil der Einstellung, dass alles vorbestimmt ist", konstatierte *GP*, „besteht darin, dass man sich schneller mit dem Geschehen in der Vergangenheit abfinden kann."

„Das ist wohl wahr", stimmte ich ihm zu. „Es ist sogar ein gewaltiger Gewinn, weil man dadurch mehr in der Gegenwart lebt und weniger von der Vergangenheit gestaltet wird.

Zum Beispiel ist die Wut darüber, die bei manchen Menschen ausbricht, wenn sie nicht ihr Ziel erreicht haben, im Hinblick darauf, was wir eben besprochen haben, nicht besonders sinnvoll.

Dies gilt besonders auch bei Fehlern, die wir machen. Verfluchen wir uns deshalb, so kann dies für das eigene Selbst besonders destabilisierend sein."

„Aber menschlich verständlich", warf er ein.

„Da hast du Recht.

Ein weiterer Vorteil der Einstellung, dass alles so geschehen musste, wie es geschah, ist die Toleranz, die aus dem Satz entspringt und sich positiv auf einen selbst und das Zusammenleben mit anderen Menschen auswirken kann.

Noch ein Wort zu den Strafen, die Menschen gegen andere aussprechen: Eine Tat wird in aller Regel nach dem beurteilt, inwieweit man selbst in seinen Gefühlen verletzt wurde. Diese Gefühle, so wird verlangt, sollen von den Richtern ebenfalls durch Strafe ausgeglichen werden."

Das Universum

(Einleitung)

> **Das Universum ist nicht entstanden – es war immer da: Aus dem Nichts kann nichts entstehen!**

> *Wikipedia: „Das Universum (von lateinisch universus ‚gesamt'), auch der Kosmos oder das Weltall genannt, ist die Gesamtheit von Raum, Zeit und aller Materie und Energie darin."*

Die meisten Menschen meinen mit Universum das Beobachtbare; dies beschränkt sich auf die vorgefundene Materie und Energie, angefangen bei den elementaren Teilchen bis hin zu den großräumigen Strukturen wie Galaxien und Galaxienhaufen.

Und sie gehen davon aus, dass der Urknall der Beginn des Universums sei.
D.h., dass hier **die gemeinsame Entstehung von Materie, Raum und Zeit aus einem singulären Punkt stattfand – der sich aus dem Nichts entwickelte**. Dieser dehnte sich dann schlagartig mit unvorstellbarer Geschwindigkeit aus.

Was vorher war, oder woraus dies entstand, wird von Fachleuten oft mit 'Nichts' beantwortet. Sie wollen ihr Nichtwissen nicht zugeben.

Hier wird also von einem Raum gesprochen, den der Mensch mit seiner eingeschränkten Sicht begrenzt hat.

(Er sah und sieht sich gerne als Mittelpunkt der Welt.)

Zu beweisen ist **der Anfang des singulären Punktes** nicht; auch die dafür zuständige allgemeine Relativitätstheorie zusammen mit der Quantenfeldtheorie kann dies nicht einheitlich klar beschreiben.
So kann ein kognitives Wesen also davon ausgehen, dass vorher etwas war, aus dem der Urknall entstand.

Zum Urknall

Diesen hat der Belgier Georges E-douard *Lemaître (1894 – 1966) erfunden*. Er beschreibt das Gebilde als Uratom, eine Art kosmisches Ei und behauptet, vor diesem sei absolut Nichts gewesen; also weder ein Universum, noch Materie usw. Das haben seine Anhänger dann übernommen.

Da er in seinem Leben auch Priester war, liegt der Verdacht sehr nahe, dass der Grund für seine Aussage, „der Urknall entstand aus dem Nichts", eigentlich heißen sollte: von Gott. Da er sich damit aber mehr unglaubwürdig machen würde, hat er dies wohl lieber verschwiegen.

Wie gesagt: Ich denke, aus dem Nichts kann nichts entstehen. Und so, argumentiere ich weiter, hat wahrscheinlich eine extreme durch Gravitation entstandene Zusammenballung der Materie im Universum zu diesem Ereignis geführt, das **unseren Kosmos** hervorbrachte.

Ich denke weiter, dass solche Ereignisse im unendlichen, zeitlosen Universum immer wieder auftreten.

Ein Phänomen im Universum könnte also sein, dass sich **in einem Bereich** alles zusammenziehen

kann. Bei einem kritischen Zustand, der entsteht, wenn nichts
mehr aufgenommen werden kann,
fliegt alles in einem gasförmigen
Zustand auseinander.

Daher gehe ich weiterhin von
einem unendlichen Universum
aus, dessen **Raum keine
Grenzen hat und viel mehr
beinhaltet als nur das im „singulären Punkt" enthaltene.**

Gespräch über das Universum

Mit der Thematik:

„Dein Postulat lautet: Es gibt nur ein Universum, dies ist grenzenlos und ewig", stellte *GP fest*.

„Nicht, dass ich falsch verstanden werde", antwortete ich. „Es geht hier zunächst nicht um den Inhalt, sondern um den Raum des Universums – der grenzenlos ist und alles, auch den Zustand leerer Räume beinhaltet."

„Grenzenlos also auch deshalb", fragte *GP*, „weil eine Grenze immer die Frage nach sich zieht: Und was ist hinter dieser Grenze?"

„Es gibt keine Grenze des Universums."

„Und ewig, weil es keine anderen Räume, Zeit oder Energie gibt, die das Universum ersetzen oder ändern können?"

„Es ist alles eingeschlossen."

„Warum sollte man zwischen Raum und Inhalt unterscheiden?"

„Weil der Raum unendlich, der Inhalt – weil dieser insgesamt im Universum nicht vermehrbar ist, weil er schon alles beinhaltet – endlich ist.

„Beide sind ewig, nur der Inhalt ist, je nach den natürlichen Gesetzen, ‚unendlich‘ variabel, verändert ständig die Struktur.

Daher machen Aussagen wie: ‚Das Ding an sich‘ oder ‚ewige Ideen‘ im Universum auch keinen Sinn. Es gibt letztlich nichts Festes, Unveränderliches.

Zum Grund dieser Aussagen kommt man über die psychologische Struktur der jeweiligen Person, die so etwas sagt. Das Ziel kommt hier vom Gefühl im Gehirn, das den Glauben und diese Weltsicht projiziert.

Das ‚Ding an sich‘ soll intelligibel, abstrakt, vom Menschen nur *geistig* erfassbar sein. Es entstammt dem Wunsch, etwas letztlich ‚ursprünglich endliches‘ ausgedrückt zu haben.
Es soll also nur durch den Intellekt erkennbar, nicht sinnlich wahrnehmbar sein.

Intelligibel heißt demnach, es kann nur geistig erfassbar sein, *nicht konkret*. Damit ist in der Regel ein metaphysischer Geist gemeint, der jenseits der konkreten Welt existiert und im Menschen wirkt.

Ich meine, dass dies ein Wunschtraum ist, geboren aus dem Ziel, es möge so etwas geben.

Es gibt natürlich den Geist des Menschen, d.h. seine kognitiven Fähigkeiten. Dies ist aber an seine Psyche und deren Mittelpunkte gebunden; also physisch.
Und hier können alle möglichen Spekulationen entstehen.

‚Ewige Ideen' haben die Menschen in den Urstrukturen in sich – dies wird als ‚objektive metaphysische Realität' auf die Außenwelt projiziert.

Aber zurück zum Universum: Immer wieder werden Konstrukte erfunden, die zeigen sollen, wie das Universum entstanden ist", bedauerte ich.

„Man sollte sich im Klaren sein, dass man dann nicht über das Universum, sondern über den Raum und Inhalt der (menschlichen) Weltsicht spricht."

„Wie kommt das?", fragte CP. „Warum unterscheiden die Menschen dies nicht?"

„Der Grund wird in der menschlichen Erfahrung, im Gehirn liegen: Alles ist aus etwas entstanden. Dies wird auf das Universum übertragen. Aber weder das Universum noch der gesamte Inhalt (als Ursubstanzen) hatten einen Anfang."

„Von dem man sagen könnte: ‚Daher kam es?'"

„Genau. Weil es keinen Anfang gab. Denn: Aus nichts kommt nichts. Daraus folgt, dass schon immer die Substanzen im Inhalt des Universums vorhanden waren.

Menschen sprechen davon, dass alles seinen Grund hat, z. B., dass es einen ersten Beweger gibt, der alles angestoßen hat.

So einer ist nicht notwendig, weil alles nach Substanzen und Gesetzen, die untrennbar miteinander verbunden sind, abläuft. Die Substanzen können sich natürlich aufgrund der in ihnen liegenden Gesetze von alleine bewegen. So braucht es also keinen ersten

Beweger, weil der Bewegungsgrund jeweils in den Substanzen selbst liegt bzw. in der Umgebung. Und, wie gesagt, diese Substanzen hatten keinen Anfang, sind nicht entstanden, sondern waren im Universums (als Ursubstanzen) schon immer da."

„Wie definierst du ‚Substanzen' und ‚Gesetze'?", fragte *GP*.

„‚Substanzen' sind Elementarteilchen, Strukturen, Atome, Neutrinos, Moleküle, Neuronen, Kristalle, Flüssigkeiten, Gase, Zellen, Lebewesen, Gehirne, Kräfte, Fakten, Dinge, Vorstellungen, Gefühle, Ökosysteme, Gestirne, Sternensysteme, Galaxien usw.", antwortete ich. „Darüber hinaus gelten sie auch in Zuständen der leeren Räume (des Vakuums im Weltraum) als virtuelle Substanzen."

„Also alles?"

„Ja", nickte ich, „ausnahmslos. Alles im Inhalt des Universums gilt als Substanz: im Großen wie Galaxien, oder im Kleinen wie Elementarteilchen. Und natürlich auch alles im Menschen.

‚Gesetz' heißt, dass identische Teile – oder Wellen – unter identischen Umständen immer identische Strukturen ergeben.

Gesetze sind Eigenschaften von Substanzen, die – isoliert betrachtet – unveränderbar sind, solange den Substanzen nicht etwas hinzugefügt oder entfernt wird.

Und das bedeutet, dass alles nur in einer ganz bestimmten Form ablaufen kann."

„Substanzen und Gesetze gehören unmittelbar und untrennbar zusammen?", hakte *GP* nach.

Ich nickte. „Ja, es gibt keine Substanzen ohne Gesetze, man kann sie weder trennen noch ändern. Die Formel: Substanzen = Gesetze ist universal."

„Könnte man sie als Weltformel bezeichnen?", fragte *GP*.

Ich überlegte. „In dem Sinn, dass sie für die gesamte Welt gültig ist? Das käme in Betracht.

Fügt man den Substanzen etwas hinzu oder zieht etwas ab, dann ergeben sich andere Substanzen, die dieser Formel unterliegen. Dies kann man sehr gut in der Chemie sehen."

„Du meinst: Kommt etwas zu der Substanz hinzu oder wird sie weniger, dann ergibt sich eine neue Substanz mit anderen Gesetzen. Die Substanzen laufen also jeweils nach den in ihnen liegenden Gesetzen ab."

„Genauso ist es", ich nickte. „Alles läuft nach Gesetzen ab. Darüber hinaus läuft alles Organische zusätzlich nach den Gesetzen der Mittelpunkt-Mechanik ab."

--- Eigene Welt ---

„Um noch einmal auf das Wort ‚Welt‘ zurückzukommen", bemerkte *GP*, „du sagst auch, jeder lebt in seiner eigenen Welt."

„Da solltest du unterscheiden zwischen der gesamten Welt – also dem Inhalt des Universums – und unseren Ansichten davon.

Es liegt an der Mittelpunkt-Mechanik, die es möglich macht, dass jeder in seiner eigenen Welt lebt: Die Mittelpunkte bringen, aufgrund ihrer Ziele, den Menschen und die Welt in eine entsprechende Struktur, die alles andere ausschließt, was nicht dazu passt. Da sich letztlich jeder insgesamt in seinen Zielen von anderen Menschen unterscheidet, lebt auch jeder in seiner eigenen Welt. Je ähnlicher allerdings Ziele mit anderen Menschen sind, umso ähnlicher sind auch deren Welten. Das kann man auch sehr gut an Gruppen sehen, deren Ziele sich über meist nicht bewusste Kompromisse immer mehr ähneln und dadurch eine entsprechende Welt erzeugen."

--- Urknall ---

„Ich möchte noch einmal auf den Urknall zurückkommen, der von vielen als Beginn des Universums gesehen wird", hakte *GP* nach. „Fragt man, woher das kam, was da geknallt hat, dann wird gesagt, alles wäre aus sich zusammengezogener Energie – als singulärer Punkt – entstanden. Fragt man weiter, dann wird in der Regel nicht mehr geantwortet."

Oder es wird gesagt; es kam aus dem Nichts. Das heißt, es wird behauptet, dass der Urknall nicht aus dem Universum kam, sondern er sich selbst erschaffen hat", sagte ich.

„Und da der Mensch sich gern alles erklären möchte, kommt ihm die Urknalltheorie sehr gelegen; damit hätte er den absoluten Anfang des Universums.

GP nickte nachdenklich, „aber kann es nicht sein, dass sich **ein** Inhalt des Universums tatsächlich in diesem Punkt vereinigt hat? Dass es nur eine Zustandsänderung in einem **größeren Bereich** des Universums war?"

„Wahrscheinlich hast du Recht. Damit würde sich die Frage nach dem Ursprung des singulären Punktes erledigen."

Wir schwiegen. Nach einer Weile fuhr ich fort: „Aber vielleicht ist es Absicht. Da der Erfinder dieser Theorie zu Lebzeiten auch Priester war, ist der Verdacht sehr groß, dass der Grund für seine Aussage „der Urknall kam aus dem Nichts" eigentlich sein soll: von Gott. Da ihn das aber weniger glaubwürdig machen würde, hat er es wohl lieber geheim gehalten."

Und wenn man es so wie du eben formulieren würde?", überlegte er weiter. „**Unsere** Welt begann mit dem Urknall."

„Das würde ich als eine stimmige Aussage ansehen", antwortete ich. „Viele sprechen vom Urknall, dem Beginn des Universums, oder dass das Universum sich ausdehnt bzw. zusammenzieht usw. Von dem Standpunkt aus, dass es nur **ein** Universum gibt, das unendlich und ewig ist, sind alle diese Aussagen sinnlos. Sinn machen sie lediglich, wenn man sagt, ‚der Beginn unserer Welt‘ oder ‚**unsere Welt** dehnt sich aus‘. Da diese Formulierungen dann aber nur menschliche Perspektiven wären, der Mensch aber universelle Antworten geben will, wird man wohl weiterhin den Ausdruck ‚Universum‘ benutzen, obwohl der für diese Aussagen nicht treffend ist."

„Weil man meint, damit alles zum Ausdruck gebracht zu haben?"

„Ich glaube, dass man damit nur Verwirrung stiftet."

„Und – glaubst du, dass die Menschen, wenn sie sich dessen bewusstwerden, ihre Ausdrucksweise ändern werden?"

--- Allmacht ---

„Na ja, in diesem Inhalt des Universums hätte Gott mit seiner angeblichen Allmacht keinen Platz mehr. Weil alles aus Substanzen besteht, die nach Gesetzen ablaufen und Gott nicht die Macht hätte, diese zu ändern."

„Also, weil die Menschen ihre Gottesfantasien dann nicht mehr ausleben könnten?"

„Ich denke, das wird ein wichtiger Grund sein. Themen wie ‚begrenztes Universum' oder ‚Gott' lassen für sie alle möglichen Fantasien zu. Menschen lieben Märchen.

Aber wie auch immer, egal welche Fakten man dagegen vorträgt: Diese Neigungen leben sie weiterhin aus."

„Gläubige sagen, Gott sei das Universum, grenzenlos und ewig."

„Könnte er denn, in seiner Allmacht, Gesetze ändern? Die Definition für Gesetze ist ja: Identische Teile – oder Wellen – unter identischen Umständen ergeben immer identische Strukturen."

„Sie würden sagen, das könne er auch."

„Könnte er denn das Universum, in dieser Hinsicht also sich selbst, ändern? Liefe er nicht auch nach Substanzen und Gesetzen ab, so wie alles im Universum? Hat man jemals gesehen – und ist es wissenschaftlich bestätigt, dass ein allmächtiger Gott Gesetze aufgehoben hat? Gelegenheit hätte er ja genug, bei den Grausamkeiten, die täglich auf unserem Planeten geschehen."

„Da hast du wohl Recht."

„Das meinte ich, als ich sagte, dass das Fantasieprodukt ‚Gott' mit seiner angeblichen Allmacht keinen Platz im Universum hat. Und – wenn Gott das Universum ist, drücken diese Menschen damit gleichzeitig aus, dass Gott aus Substanzen besteht, die nach Gesetzen ablaufen."

„Andere sagen: Gott hätte das Universum erschaffen."

„Dann hätte Gott ein Universum erschaffen, in dem alles exakt so geschehen muss, wie es geschieht."

„Und in dem es keine Freiheit gibt!",
folgerte *GP*.

Ich nickte. „Weil man Gesetze nicht
ändern kann.

Hier möchte ich einmal Max Planck
zitieren: ‚Die Wahrheit triumphiert nie,
ihre Gegner sterben nur aus. ʾ

Weltanschauliche Konzepte, wie Religionen – etwa, es gibt einen Gott, abso-
lute Freiheit oder einen freien Willen –
stehen der Erkenntnis, der Wahrheit
im Wege. Es sind Mittelpunkte, die
nicht zulassen, dass es keinen Gott
oder letztlich keine Freiheit gibt.

Es ist unmöglich, dass diese Menschen
die Wahrheit erkennen können, weil
sie von falschen Voraussetzungen ausgehen. Sie sehen, was sie sehen wollen (aus der Sicht ihrer Ziele)."

„Hier haben Vernunft, Verstand, Intelligenz wohl kaum eine Chance?"

„Absolut keine. Hindernisse in Form
von Irrungen und Wirrungen besonders der Gefühle schwemmen alles
weg."

„Wo kommen diese Hindernisse her?"

--- Entstehung des Gottesglaubens ---

"Einen wesentlichen Anteil hat der Begriff des Oberhaupts, das Anführers, dem man vertraut, sich unterordnet. Dies war besonders wichtig für Lebewesen, wie die Urmenschen, um Zielvorgaben, etwa Vorbilder zu haben, um am besten zu überleben. Dies hat sich in den Urstrukturen festgesetzt und ist die eigentliche Ursache, aus dem sich der Begriff „Gott" gebildet hat.

Und dann u.a. aus den Entwicklungsprozessen der Kindheit, aus der 'magischen Phase':
Diese beginnt ungefähr mit dem dritten Lebensjahr und dauert ca. zwei bis drei Jahre. Zwischen dem dritten und fünften Lebensjahr beeinflusst sie das kindliche Denken und Handeln. Besonders die Urstrukturen im Gehirn spielen hier wohl mit. Während dieses Zeitraums ist in der kindlichen Vorstellung alles möglich. Alles, was das Kind sich wünscht und denkt, schönes wie auch schreckliches, könnte tatsächlich eintreten. Was es selbst denkt und tut, sieht es als wichtige Ursache für vieles, was passiert. Gleichzeitig befürchtet das Kind, dass andere Kinder und Er-

wachsene, aber auch Hexen, Feen und Monster auf die gleiche Weise etwas geschehen lassen könnten. Dinge und Geschehnisse werden von dem Kind weitgehend magisch erlebt, und durch ‚magische Theorien' versucht es, sie zu deuten und zu erklären. Hexen, Monster und Geister, aber auch Weihnachtsmann, Christkind und Osterhasen gibt es in der kindlichen Vorstellung wirklich."

Ich fuhr fort: „Wir Menschen durchlaufen quasi alle diese magische Phase, und in jedem von uns lebt sie mehr oder weniger bis ans Lebensende weiter. Denn Erlebnisse, die wir einmal als wichtig empfunden haben, bleiben oft das ganze Leben gefühlsmäßig erhalten.

Diese Phase wird ein Hauptgrund sein, dass Märchen, Mythen und Sagen einen starken Anreiz haben und etwa Gott als wirkliches Wesen gilt. Und diese Fantasievorlagen werden dann in der Kultur und mit den Ansichten, die in der Gesellschaft vorherrschen, weiter ausgestaltet."

„Kann man sich mit der magischen Phase erklären, dass viele Erwachsene immer noch glauben, alles sei möglich? Obwohl es etwa nicht möglich ist, Gesetze zu ändern?"

„Ja, dies dürfte einen erheblichen Einfluss auf das Denken im Erwachsenenalter haben. Man glaubt im Inneren teilweise noch an mystische Gestalten, etwa an Götter, Feen, den Teufel. Hier hat der Aberglaube seine Wurzeln."

„Also haben Magie und Religion zunächst in den Urstrukturen und dann hauptsächlich in der magischen Phase ihren Ursprung", schloss *GP*.

„Den die Menschen aber nicht erkennen wollen, sondern in die Außenwelt projizieren:

Noch einmal:

Einen wesentlichen Anteil an den Urstrukturen hat der Begriff des Oberhaupts, das Anführers, dem man vertraut, sich unterordnet. Dies war besonders wichtig für Lebewesen, wie die Urmenschen, um Zielvorgaben, etwa Vorbilder zu haben, um am besten zu überleben.

Hier findet sich, mit hoher Wahrscheinlichkeit, die eigentliche Ur-

sache, aus dem sich der Begriff „Gott" gebildet hat.

Da dies tief in der Beschaffenheit der Menschen verankert ist, wird er auch in der Gegenwart von dem Ziel, sich jemandem unterzuordnen, besonders über Gefühle gestaltet.

Nebenbei: Alle Phasen, besonders die, die das Kind bis ca. dem siebten Lebensjahr durchläuft, bilden Gefühle, die im weiteren Leben von Bedeutung sein können.

Zum Beispiel das Bindungsverhalten: durch die körperlichen Kontakte, in der Regel mit der Mutter, entstehen starke positive Gefühle von den Menschen und über die Welt, die im Säugling bzw. Kleinkind gespeichert werden und lebenslang erhalten bleiben. Diese Gefühle möchte der Mensch in seiner weiteren Entwicklung und im Erwachsensein wieder erleben und sucht deshalb die Nähe und den Kontakt zu anderen Menschen."

„Oft hört man den Satz: Ich habe das Gefühl, Gott liebt mich", fiel *GP* noch ein.

„Kann es nicht sein, dass dies eine Übertragung von dem Gefühl ist, von den Eltern geliebt worden zu sein, besonders in der Kindheit?", fragte ich.

GP schaute nachdenklich. „Da magst du Recht haben."

--- Gehirnprozesse ---

Nach einer Pause ergänzte ich: „Aber es ist wohl tatsächlich alles möglich – im Gehirn. Das sieht man u. a. an Märchen, die für wahr gehalten werden, an den Fantasien der Gläubigen oder was man im Schlaf wahrnimmt."

GP nickte. „Das Gehirn kreiert schon merkwürdige Sachen, besonders im Schlaf."

„Weil vieles, das im Tagesablauf wichtig ist (etwa die Ziele), während des Schlafs im Wert herabgesetzt ist", ergänzte ich. „Die Aufmerksamkeit bzw. das Bewusstsein senden eingeschränkte Informationen an das Gehirn (besonders vom inneren des Menschen), die Mittelpunkte sind im Schlaf weitgehend heruntergefahren."

„Sie spielen dann nicht mehr die Rolle wie im Wachzustand?"

„Das könnte nicht funktionieren, weil der Schlaf durch die Mittelpunkte gestört würde.

Oder umgekehrt: Stell dir vor, dein Gehirn würde im Tagesgeschehen so agieren wie im Schlaf."

„Du meinst, wenn die Ziele, die Mittelpunkte, die im Tagesverlauf tätig sind, nicht mehr den Verlauf bestimmen?"

„Es würde sich eine Katastrophe an die andere reihen. Deswegen bringen sie das Gehirn in eine bestimmte Struktur, dessen zentrales Ziel das Überleben ist.

Im Schlaf benötigen wir die Ziele des Überlebens in dieser Wertigkeit. Es sei denn, es passiert etwas Außergewöhnliches. Dann werden wir natürlich sofort hellwach, und die gewohnten Mittelpunkte übernehmen wieder die Regie.

Der Unterschied zwischen der Wachheit und dem Schlaf ist also u. a. der, dass im Ersteren die Mittelpunkte für eine gewisse Struktur sorgen, wohingegen sie im Schlaf teilweise bis auf null herabgesetzt sind. **Zum Beispiel**

in Bereichen des Stirnhirns. So haben sie wenig Einfluss auf das Gehirn, das deshalb die seltsamsten Bilder durch Assoziationen, Verknüpfungen und Ziele ohne Mittelpunkt-Mechanik hervorzaubern kann.

Allerdings: Wenn ein Mittelpunkt einen Menschen allgemein stark beschäftigt, dann kann ihn dieses Thema auch im Schlaf beschäftigen, um eine Lösung zu finden.

Dies läuft dann aber weniger rational ab, sondern nach den Gesetzen, die im Schlaf wirken."

„Im Wach- wie im Schlafzustand agiert das Gehirn viel nach Ähnlichkeiten", wiederholte *GP*. „Der Unterschied zwischen den Zuständen liegt in den Zielen.

Während im Wachzustand das Gehirn möglichst die Ziele der Tages-Mittelpunkte bedient, also sucht, was zu den Mittelpunkten passt, damit sie ihr Ziel erreichen, sind diese in der Regel im Schlaf so gut wie inaktiv. Hier spielen Themen die Rollen."

„Genau", nickte ich. „Der Traum spinnt aus einer Geschichte eine weitere Geschichte usw. Realität spielt, wie man weiß, keine Rolle. Man sollte aber nicht vergessen: Im Traum ist der Satz: ‚Alles hat das Ziel, eine Struktur nach den Gesetzen zu bilden‘, nicht aufgehoben. Neuronen = Gesetze."

„Es läuft dann nur nach anderen Gesetzen ab!"

Ich nickte erneut. „Durch andere Zusammensetzungen der Substanzen. Auch bezüglich der Ziele der Entspannung und Integration des Erlebten am Tage. Sie relativieren die Informationen des Wachseins.

Und, wie gesagt: Im Traum verlieren die Tages-Mittelpunkte ihre Macht. Hier werden nur noch zufällige Themen angereizt, die besonders den Gesetzen der Kreativität unterliegen."

„Der Traum ist im Wachsein also deshalb so schwer verständlich", folgerte *GP*, „weil man dann wieder in den gewohnten Mittelpunkten ist. Wohingegen im Traum diese Mittelpunkte aufgelöst sind, und nur eventuell als Themen agieren. Dies endet sofort, wenn wir erwachen und die Areale des Stirnhirns wieder voll aktiv sind."

„Weil das Traumgeschehen dann in der Regel keinen Wert mehr hat, nicht wichtig für die Gegenwart ist", unterstrich ich. „Im Schlaf können Assoziationen, weitgehend unbeeinflusst von den Mittelpunkten, ihr Spiel treiben."

Dann fuhr ich fort: „Man kann sich das Gehirn vorstellen als einen riesigen Raum, der u. a. mit Neuronen, Synapsen, Myelinscheiden, Gliazellen, Dendriten und Axonen gefüllt ist, die Netze bilden."

„Damit meinst du die Mittelpunkte des Gehirns, die nach den in ihnen liegenden Gesetzen ablaufen."

„Genau, hier gibt es unendliche Variationsmöglichkeiten untereinander, besonders, da während starke Mittelpunkte, wie im Schlaf, kaum eine Rolle spielen. Das Gehirn kann im Traum u. a. alle Erfahrungen verwenden, die der Mensch mal gemacht und behalten hat; in welcher Form auch immer. Und diese zu bizarren Gespinsten verweben. Übrigens: Wenn es bestimmte Erfahrung nicht gemacht hat, etwa wie ein von Geburt an Blinder, dann verwendet es auch keine Bilder."

„Das Gehirn arbeitet und bearbeitet im Traum", schloss *GP*.

„Ja, aber nicht nach logischen Gesichtspunkten. Zu träumen bedeutet u. a., kreativ zu sein. Allerdings: Je starrer Mittelpunkte sind, und das betrifft besonders die Komplexe, also eingekapselte Mittelpunkte, umso weniger können sie im Traum bearbeitet werden."

„Unter ‚Komplex' verstehst du also einen Bereich im Menschen, der unzugänglich ist."

„Ja, er entzieht sich der Veränderung mittels anderer Mittelpunkte. Er bleibt von dem Wandel der äußeren Umstände unbeeinflusst. Der Komplex zeigt das Verhalten und Empfinden immer noch so, wie es sich in der Ursprungssituation ergeben hatte.

Da der zentrale Punkt des Lebens Anpassung ist, sollten alle psychischen Ziele mit ihren Mittelpunkten anpassungsfähig, veränderlich sein. Komplexe wehren sich gegen jede Art von Änderung, beeinflussen aber andere Mittelpunkte. Aber alles, was starr ist, kann ein Hemmschuh für die Flexibilität sein."

„Zum Schluss habe ich noch eine grundsätzliche Frage:

Du sagst: ‚Identische Substanzen unter identischen Umständen ergeben immer ein identisches Ergebnis. ‘

Ich nickte.

„Aber kann es nicht sein, dass irgendwo im unendlichen Universum dieser Satz nicht stimmt?“

„Nun – das glaube ich nicht. Aber ich lasse mich natürlich eines Besseren belehren. Wenn mir das jemand aufgrund eines Experiments beweist.“

Das Bewusstsein

(Gespräch darüber)

Mit der Thematik:

„Du sagst, Bewusstsein ist eine Verstärkung der Sinne", fasste *GP* zusammen. „Und du meinst, es trifft keine Entscheidungen."

„Bewusstsein ist verstärkte Wahrnehmung der Sensorik (das Aufnehmen von Umgebungsreizen und Körperzuständen und deren Weiterleitung), mittels einer willkürlichen oder unwillkürlichen Konzentration, um den Zielen im Gehirn möglichst genaue Informationen zu liefern", nickte ich.

„Das ist eine Beschreibung, die den meisten Menschen wohl fremd ist."

95

„Weil sie in ‚Bewusstsein' die ganze ‚Freiheit des Menschen' hineinprojizieren, ohne diese im Einzelnen unter die Lupe nehmen."

„Du meinst, dabei würde letztlich herauskommen, dass es lediglich ein Informationsübermittler für das Gehirn ist?", fragte GP.

▶ **„Das Bewusstsein** (die verstärkten Sinne) bzw. die normale Aufmerksamkeit könnte die Welt nicht ausreichend für Entscheidungen deuten, weil dies die Domäne des Gehirns ist; sie weder dessen Informationen besitzt, noch diese in der notwendigen Geschwindigkeit erfahren kann, um zu reagieren.

▶ **Das Gehirn** braucht die Informationen des Bewusstseins (der Sinne), um seine Deutung der Welt eventuell zu korrigieren und anders zu entscheiden, bzw. seine Ziele zu ändern.

"Bevor wir glauben, eine Entscheidung gefällt zu haben, hat das Gehirn bereits Millisekunden vorher entschieden – wenn, in der Regel, das Bewusstsein keine wesentlichen Informationen mehr sendet."

Wichtig ist zu wissen: Leben heißt immer auch: Gefühle erleben. Und dass das Gehirn deren Speicher, in den jeweiligen Neuronennetzwerken, ist."

„Aber warum braucht man überhaupt das Bewusstsein, denn die Informationen von den Sinnen könnten doch auch ohne es im Gehirn gespeichert werden?"

„Das wird ja auch mit der normalen Aufmerksamkeit gemacht. Wenn aber etwas wichtig und wesentlich ist, muss man es genauer betrachten. Dies ist die Aufgabe des Bewusstseins.

Besonders die Gefühle sind eminent wichtig, weil sie für den Menschen bezüglich der Ziele eine herausragende Bedeutung haben.

Wie gesagt: Das Gehirn nimmt nicht wahr. Es baut uns nur die Welt nach seinen Zielen auf. Das heißt, die Aufmerksamkeit bzw. das Bewusstsein nimmt sie aus dieser Perspektive auf, erlebt sie mit dieser dann jeweils vorhandenen „Realität" und überträgt die Informationen an das Gehirn.

Darum müssen wir Aufmerksamkeit und, in Verstärkung, Bewusstsein haben."

▶ **„Die Welt ist also insgesamt, in allen Teilen, nicht so, wie wir sie sehen, sondern immer so, wie unser Gehirn, genauer gesagt; seine Ziele sie uns zeigen", rekapitulierte GP.**

„Dies ist vielen Menschen nicht klar", nickte ich. „Für sie ist die Welt so, wie sie selbst und andere (scheinbar ebenfalls) sehen: Gleich und eindeutig.

Dass Ziele im Gehirn die jeweilige Welt nach unseren Anlagen und Erfahrungen machen, die nur menschliche Perspektiven hervorrufen können, ist ihnen in aller Regel fremd und unvorstellbar. Daher beachten sie es nicht weiter, bleiben bei ihrer alten Sicht."

„Also können wir die Welt nicht objektiv sehen."

„Immer nur aus unserer subjektiven Perspektive."

Um es noch einmal zu wiederholen:

!! **Die Welt, die sich uns zeigt, ist zwar zuerst da, aber, was der Mensch von dieser sieht, entscheidet das Gehirn nach seinen Zielen. !!**

Da das Wichtige immer bewusst wird, um es genauer zu betrachten und erleben, ist das

Bewusstsein (einschließlich der Mittelpunkte, die betroffen sind) immer eingeschlossen.

Dies kann es aber nur sein, wenn der Mittelpunkt, in dem man gerade ist, dies Wichtige durch sein Ziel nicht entwertet. (Siehe Mittelpunkt-Mechanik)

Darüber, was ‚wichtig' ist, gibt es nicht selten Differenzen zwischen Mittelpunkten. Besonders auch mit dem ICH. Was dies möchte, kann von anderen Mittelpunkten geblockt werden.

D. h., was der Mensch wahrnimmt, entscheiden die Ziele im Gehirn – also auch, was im Moment gerade wichtig ist.

Daraus folgt: Die Sinne (also das Bewusstsein) nehmen es gar nicht auf, wenn dafür keine Ziele aufnahmefähig sind, da der starke Mittelpunkt, in dem man gerade ist, diese vorübergehend im Wert gemindert hat.

Die Augen von GP leuchteten. „Ich verstehe, Informationen werden nicht aufgenommen, weil seitens des Gehirns im Moment kein Empfänger – kein Ziel – ist, da das augenblickliche Neuronennetz alle anderen blockt."

Ich nickte. „Wenn es noch eines Beweises bedurft hätte, dass das Bewusstsein weder frei ist noch Entscheidungen fällen kann, liegt es hier klar auf der Hand."

„Es gibt noch ein anderes Verständnishindernis in der Form, dass oft behauptet wird, Anorganisches, also Materie, könnte nichts Organisches erzeugen.

Dazu möchte ich sagen: Die ersten organischen Verbindungen entstanden vor Milliarden von Jahren aus anorganischen Substanzen. Daraus entwickelten sich im Lauf der Zeit immer komplexere Lebensformen mit differenzierten Funktionen, zu denen auch das Gehirn gehört.

Hier befinden sich nicht nur etwa Atome etc., sondern insbesondere auch

Neuronen, Synapsen, Gliazellen, usw., die die körperlichen und geistigen Funktionen des Menschen steuern.

Der Anpassungsdruck des Lebens erzeugt Ziele. Das Gehirn bildet Neuronennetze, um diese auszuführen. Viele Menschen können sich also nicht vorstellen, dass ausschließlich Ziele im Gehirn den Menschen steuern. Sie glauben, sie steuern sich selbst (mit ihrem freien Willen und ihrem Bewusstsein). Dies können sie nicht beweisen, so bleibt es bei einem Gefühl, dass es so ist und sich in ihnen festgesetzt hat.

So können sie auch nicht wahrnehmen, dass in diesem Fall das Ziel ihres Glaubensgefühls (dieser Mittelpunkt) es verursacht.

Denn, wie gesagt: Es werden nicht nur die Wahrnehmungen gespeichert, sondern auch die dadurch entstehenden Gefühle. Je stärker sie sind, umso intensiver haben wir sie mit unserem Bewusstsein erlebt."

„Bewusstsein erlebt, das Gehirn reagiert, steuert und entscheidet", rekapitulierte *GP* noch mal.

Ich nickte. „Das Gehirn zeigt uns aufgrund seiner Ziele die Welt – das Bewusstsein sieht sie zunächst aus diesen. Im zweiten Schritt erlebt es aber auch die eventuellen Unterschiede zwischen der alten aus dem Gehirn und der neuen, die er jetzt auch aufnimmt – und sendet diese Informationen an das Gehirn.‟

„Dann müsste sich, deiner Argumentation folgend, ja auch die Welt, die wir anschließend sehen, ändern, wenn diese eine entsprechende Wertigkeit haben.‟

„Exakt so ist es; wir nehmen sie jetzt anders wahr.

Dies bemerken wir in der Regel nicht, weil diese Veränderungen für das Gehirn selbstverständlich und folgerichtig sind.‟

Lass mich kurz einmal den Ablauf skizzieren:

• Das Gehirn zeigt uns die Welt nach seinen Zielen.
• Das Bewusstsein sieht sie in dieser Form plus das, was dann die Sinne zusätzlich aufnehmen.

• Diese Informationen sendet es an das Gehirn.

• Dieses zeigt uns dann die Welt, die sich durch die Informationen eventuell verändert hat.

• Das Bewusstsein sieht sie daraufhin in dieser Form plus das, was jetzt die Sinne zusätzlich aufnehmen.

• Diese Informationen sendet es wieder an das Gehirn.

Diese Sequenzen wiederholen sich ständig – in Bruchteilen von Millisekunden. Je nach Wertigkeit, mit der normalen Aufmerksamkeit oder mit verstärkten Sinnen (Bewusstsein).

Das kann in Experimenten nachvollzogen werden: Was man sieht, wird zunächst ausschließlich vom Gehirn gemacht. Dann erleben wir es mit unseren Sinnen. Dies wird an das Gehirn gesendet, das es verarbeitet. Und der Aufmerksamkeit dann, je nach der Abweichung, eine korrigierte Sicht zeigt.

Das Bewusstsein bzw. die normale Aufmerksamkeit können die Welt nicht deuten, weil es nicht die gesamten Informationen des Gehirns besitzt. Dies kann nicht erleben, braucht diese Informationen des Bewusstseins, um seine Deutung der Welt eventuell zu korrigieren."

„Ist das auch so, wenn jemand in einer völlig unbekannten Umgebung aufwacht?"

„Ja. Aber die Wahrnehmung der Sinne arbeitet sehr schnell – und sendet sie an das Gehirn, das sich dann, wenn es wichtig ist, blitzschnell umstellt, diese Sicht annimmt und sie bei Entscheidungen berücksichtigt.

Der zentrale Punkt alles Lebendigen ist die Erhaltung des Lebens. Das funktioniert am besten, indem man erlebt.

Und dies wiederum sind wichtige Informationen für das Gehirn, die es mit den jeweiligen Ereignissen koppelt und speichert. Ohne das Bewusstsein könnte man dies nicht erleben, denn, wie gesagt, das Gehirn allein kann dies nicht.

Kommt eine ähnliche Situation vor, dann werden auch die entsprechenden Gefühle wieder aktiviert.

(Die Gefahr dabei ist, wenn man die augenblickliche Situation nicht bewusst wahrnimmt, dass man nicht auf das

Jetzt, sondern nach dem Damals reagiert.)

„Es geht also um Aufmerksamkeit", überlegte *GP*.

Ich nickte. „'Aufmerksamkeit' heißt, 'bei der Sache' zu sein. 'Bewusstsein heißt, die Aufmerksamkeit zu intensivieren. Letzteres tritt in der Regel viel weniger auf.

Jedenfalls: Das Bewusstsein wäre auch gar nicht in der Lage, ohne das Gehirn abschließend ein Urteil zu bilden, weil, wie gesagt, die Menge der Faktoren dafür viel zu groß und variabel ist, um Entscheidungen bezüglich der notwendigen Aktivitäten und Handlungen treffen zu können. Es wäre schlicht überfordert. Es müsste Prozesse, wie sie sich ständig im Gehirn abspielen, selbst generieren und steuern."

"Das wäre kaum möglich", stimmte GP zu.

„Aber", warf er ein, „es wird manchmal eingewendet, dass, wenn man eine Maschine bedient, man auch nicht bis ins letzte Detail dessen Funktionen wissen muss. Es genügt, die richtigen Knöpfe zu drücken."

„Da hätte das Bewusstsein viel zu tun und müsste wissen, welche Aktionen im Gehirn jeweils zu aktivieren sind.

Das Gehirn ist weder ein Gerät, noch eine Maschine und auch kein Computer*. Alle diese Vergleiche hinken, weil Gehirne nicht starr, wie die eben erwähnten arbeiten.

Das Gehirn ist ein durch seine Ziele sich selbst organisierendes Gebilde. Also ein Gewebe, das nach organischen Gesetzen abläuft, und sich blitzschnell in der Wertigkeit ändern kann, wenn die Anpassung es erforderlich macht.

Daher machen diese Einwände keinen Sinn! Sie sind einfach nicht richtig durchdacht.

Daraus folgt", fuhr ich fort: „Das Gehirn urteilt. Was man mittels der Sinne aufnimmt, kann, je nach Wertigkeit, eventuell die Entscheidung beeinflussen. Denn alle Informationen können Einfluss auf das Gehirn haben –

solange dies offen und flexibel* ist – also nicht durch starre Einstellungen oder einen im Moment besonders starken Mittelpunkt geblockt wird.

Inwieweit sie aber greifen, entscheidet das Gehirn nach seinen Zielen.

Je besser man dessen Funktionen, Werte und Möglichkeiten kennt, umso mehr Einfluss kann man u.U. mit seinem ICH und dem Willen nehmen (das sich ja ebenfalls im Gehirn befindet)."

„Also: ‚Erkenne dich selbst'?"

„Erkenne deine Ziele, also deine Psyche.

Wer sich selbst beobachtet, wenn er etwas bewusst aufnimmt, wird feststellen, dass dabei seine Sinne stark aktiviert werden. Sehr viel stärker, als wenn es nur um allgemeine Aufmerksamkeit geht.

Man nimmt das Leben mit seinen Sinnen auf, und wenn etwas Besonderes passiert, z. B. etwas Interessantes, Gefährliches, emotional bewegendes, dann nimmt man es zusätzlich intensiv mit seinem Bewusstsein, also mit verstärkten Sinnen auf.

Beschäftigt sich der Mensch mit einem speziellen Thema, dann braucht er gezielte Informationen."

„Das jeweils gebildete Ziel konzentriert sich gegebenenfalls also auf das Thema, und das Bewusstsein (also die verstärkte Wahrnehmung) liefert dem Gehirn dadurch genauere Fakten", schloss *GP*.

„Zum Beispiel das Denken", erläuterte ich.

GP hob die Hand. „Darf ich kurz dazwischenfragen?"

Ich nickte ihm zu.

„Wie definierst du ‚Denken?'"

„Denken ist ein Prozess, der in den Mittelpunkten, also Neuronennetzen, Fragen zu beantworten sucht. – Hier findet sich alles, was der Mensch an Ererbten und Erfahrenem in sich trägt.

> Dadurch ergibt sich die Schleife:
> Frage>Antwort>erneute Fra-
> ge>Antwort, usw."

„Die Sinne (hier als der Geist des Menschen) suchen aufgrund eines Reizes
oder einer Frage nach Informationen in
der Außen- bzw. Innenwelt und senden sie sofort an das Gehirn. Dies
sucht nach Erfahrungen oder Ähnlichkeiten. Diese Zwischenergebnisse werden einem wieder bewusst usw. Das
Wechselspiel geht so lange, bis man
ein stimmiges Gefühl hat oder nicht
mehr weiterkommt. Das Endprodukt
des Denkens wird vom Gehirn formuliert und erst Bruchteile von Sekunden
oder später bewusst."

GP überlegte. „Was dabei herauskommt, wird also vom Gehirn entschieden bzw. formuliert?"

„Ja, von dem Neuronennetz des Zieles,
das für diese Suche gebildet wurde,
und die letztendliche Entscheidung
trifft. Und alle anderen nicht relevanten Neuronennetze ausschließt.

Der Grund, dass der Mensch glaubt, er
habe sich mit seinem Bewusstsein ent-

schieden, liegt in der sehr kurzen Zeit-
spanne – oft sind es, wie gesagt, nur
Millisekunden – zwischen der Entscheidung des Gehirns und dem Bewusstwerden (also, das Aufnehmen mit den
Sinnen).

Bezüglich wichtiger Themen findet
immer ein Wechselspiel zwischen Gehirn und Bewusstsein statt, weil das
Gehirn nur eine begrenzte Anzahl von
aktuellen Informationen besitzt und
darauf angewiesen ist, dass das Bewusstsein als Verstärker der Sinne
eventuell neue Fakten hinzufügt."

„Nur die wichtigsten Sachen werden
also bewusst?"

„Ja."

„Wer entscheidet, was wichtig ist?"

„Die Ziele mit ihren Mittelpunkten."

„Es gibt viele Menschen, die behaupten, man entscheide alles mit seinem
Bewusstsein", kam *GP* noch einmal auf
dieses Thema.

„Es ist unglaublich, was es alles bedeuten soll", sagte ich. „Wenn man
einmal die Definitionen durchforstet,

liest man: Das Wissen von bestimmten Fakten, das Erinnern an bestimmte Ereignisse, Summe der Überzeugungen und Standpunkte usw.

Und sinnverwandte Wörter für das Bewusstsein sollen etwa sein: Intelligenz, Erinnerung, Überzeugung.

Das Bewusstsein müsste also auch vollständigen Zugang zum Gehirn haben, die relevanten Daten dort ‚auslesen' und diese Daten bewerten, um eine Entscheidung treffen zu können. Nach der Entscheidung müsste es erneut in die neuronalen Netze des Gehirns eingreifen, um beispielsweise Bewegungen zu starten, die zur Ausführung der von ihm gewählten Aktion erforderlich sind.

Alle dies trifft exakt auf das Gehirn zu. Wenn man aber das Bewusstsein einmal überprüft, was es davon repräsentiert, sucht man vergebens. Weil es nicht dafür geschaffen ist, dies mit sich herumzutragen und es auch gar nicht kann.“

„Die Menschen sagen also, dass sie sich selbst steuern mit ihrem Bewusstsein, weil sie sich nicht selbst genau beobachten, weil diese Ansichten für sie selbstverständlich sind. Sie plappern einfach nur nach, aus Gewohnheit, was andere Menschen sagen bzw. was sie mal gelernt haben. Dazu gehört auch, das Wort Bewusstsein unreflektiert zu gebrauchen."

„Das trifft den Nagel auf den Kopf", bestätigte ich.

„Sie nehmen es einfach so hin."

„Ja, weil sie die Aussage, dass der Mensch ein von Zielen des Gehirns geleitetes Wesen ist, entweder noch nicht gehört haben oder aber nicht hören wollen. Es stört ihre gewohnten Ansichten von der Welt, in der sie bleiben wollen. Entsprechend forschen sie in dieser Beziehung auch nicht nach.

Wenn ihnen dies alles zu kompliziert ist, wäre schon viel geholfen, wenn sie für **Bewusstsein lediglich Wahrnehmung** sagen."

„Trifft das auch für Wissenschaftler zu?"

„Überwiegend ja. Ihre Gefühle lassen sie diese Tatsachen nicht sehen."

„Kommt das durch die Mittelpunkt-Mechanik?"

„Ja. Sie sind in deren Gefühlen.

Diese erzeugen auch die Meinung, dass das Bewusstsein etwas ist, das nur Menschen haben, und diese sich damit steuern.

--- Bewusstseinserweiterung ---

Nebenbei: Auch der Ausdruck ‚Bewusstseins-Erweiterung' kommt aus dieser Einstellung. Ohne sich darüber im Klaren zu sein, sagt man damit: Die verstärkten Sinne sollen mehr Informationen aufnehmen als üblich (was wohl manchmal auch nicht so falsch wäre)."

„Menschen, die dieses Wort gebrauchen", bemerkte *GP,* „meinen damit wohl eher eine Art von spirituellen, metaphysischen Erfahrungen."

„Sicher. Wenn sie so ein Ziel in sich erzeugen, dann wird sich ein Mittelpunkt bilden, der ihnen dies Gefühl gibt. Dies geschieht natürlich nur in ihren Gehirnen.

Und macht nicht wirklich Sinn: Denn Bewusstsein ist lediglich verstärkte Wahrnehmung der Sinne. Bewusstseinserweiterung würde damit heißen; Die verstärkte Wahrnehmung zu verstärken.

Jedenfalls", fuhr ich fort, „die Experimente von Libet und anderen (wissenschaftliche Schriften von Benjamin Libet, 1983; Keller und Heckhausen, 1990; Haggard und Eimer, 1999; Miller und Trevena, 2002 u. a.) zeigen eindeutig, dass, bevor von einer Person scheinbar eine Entscheidung mit dem Bewusstsein getroffen wurde, das Gehirn diese Entscheidung bereits gefällt hat. Man kann also nicht bestreiten, dass das Gehirn entscheidet und nicht das Bewusstsein.

Eine besondere Schwierigkeit war, dass man es in früheren Zeiten nicht genau definieren konnte: Bewusstsein war ein Etwas, das zwar nicht im Gehirn gefunden wurde, aber, so meinten die Menschen, die eigenen Handlungen steuert. Denn der Glaube an Übersinnliches, in diesem Fall ein ‚Bewusstsein-Geistwesen' war weit verbreitet."

„Sie nahmen das Bewusstsein als metaphysischen Geist, ähnlich dem Geist Gottes, ohne es weiter zu hinterfragen.

Ich nickte. „Und das ist heute leider in der Regel immer noch so.

Die Tatsache, dass das Gehirn entscheidet, ist durch die Experimente von Libet und anderen Wissenschaftlern eindeutig dargelegt worden. Die sogenannte ‚Freiheit des Bewusstseins' ist niemals belegt worden."

„Aber warum halten gebildete Menschen auch heute noch an ihrer Version, dass dieses alles entscheidet, fest?"

„Es passt gut in ihr Weltbild und wurde seit jeher angesehen als Erkenntnis- und Entscheidungsinstanz. Man war und ist sich sicher, dass damit die gesamte wahre Welt erkannt werden konnte. Früher erklärte einem das Gehirn – weil es nichts anderes kannte –, dass die Welt eindeutig sei – um damit gut umgehen zu können – und sie von dem Menschen mit seinem Bewusstsein wahrgenommen und erkannt werden könne. Das hob den Menschen natürlich weit über die Tiere hinaus. Dieser Glaube ist spätestens seit dem Aufkommen der Relativitätstheorie und Quanten-mechanik und ihrer experimentellen Bestätigung vorbei:

Die Welt ist weder eindeutig, noch aus jeder Perspektive gleich.
Geblieben aber ist generell in den Menschen die Vorstellung vom Bewusstsein, das die Entscheidung trifft. Weil dies ja, ihrer Logik folgend, alles erkennt. Diese Meinung schließt natürlich das Gehirn – als genereller Entscheider – aus.

Aber das Bewusstsein ist lediglich eine wichtige Schnittstelle zwischen dem Gehirn und der Außenwelt", wiederholte ich. „Nur mit seinen Sinnen – und es ist ja eine Verstärkung dieser – ist es dem Gehirn möglich, gezielte Informationen von außen und natürlich auch von innen zu bekommen."

„Ist also etwas wichtig, dann werden die Sinne verstärkt und das Bewusstsein kommt ins Spiel", wiederholte *GP*.

„Stell dir vor, du hättest das Ziel, eine wichtige Entscheidung zu treffen, zu wählen oder ein Urteil aufgrund relevanter Fakten auszusprechen, und das alles solltest du in jeder einzelnen Sequenz nur mit deinem Bewusstsein machen, wie viele Menschen annehmen.

Oder nehmen wir die Sprache, diese läuft ja automatisch ab. Man hat gelernt, wie man am besten spricht, sich artikuliert usw. Ein geübter Sprecher konzentriert sich natürlich nicht auf die einzelnen Punkte der Sprache, sondern das Bewusstsein konzentriert sich auf das Thema, um das es geht.

Das Sprechen, die Gestik, die Mimik, die man macht, dies alles ist im Laufe des Lebens erlernt und vom Gehirn gespeichert worden und kommt, wenn man sich unterhält, zum Ausdruck. Da hat das Bewusstsein nichts mitzutun, es sei denn, man verhält sich verkehrt, macht Fehler, dann wird es in der Regel sofort aktiv und liefert entsprechende Informationen an das Gehirn. Dieses versucht dann, eine Korrektur oder Verhaltensänderung herbeizuführen.

Stell dir vor, du müsstest alle deine Worte nur mit deinem Bewusstsein wählen. Zum Beispiel auf einer Party. Und frag dich jetzt mal, was du davon wirklich bewusst steuerst. Das heißt: Wie du deine Bewegungen einsetzt, wie du sprichst, die Mimik usw.‟

„Das ist tatsächlich unmöglich, dazu braucht man die erlernten Routinen aus dem Gehirn‟, stimmte *GP* mir zu.

"Ja, die jeweiligen Mittelpunkte."

„Du sagst, nur die relativ wichtigsten Sachen kommen einem ins Bewusstsein. Aber wie ist es denn, wenn ich gerade mit einem wichtigen Thema beschäftigt bin und konzentriere mich darauf und plötzlich kommt mir etwas ins Bewusstsein, das mit dem augenblicklichen Mittelpunkt nichts zu tun hat?‟

„Nun, das Gehirn ist hier von einem Mittelpunkt zu einem anderen gesprungen, weil dieser die Aufmerksamkeit in Anspruch nahm oder weil der bisherige vielleicht einfach von selbst lief und nicht mehr das Bewusstsein brauchte. Oder der andere Mittelpunkt schien dem Gehirn in dem Augenblick wichtiger, weil etwa eine

119

Frage, die schon lange in einem lag, jetzt beantwortet werden konnte. Dies kommt nicht selten bei kreativen Menschen vor. Vielleicht wurde auch einfach nur das Interesse bezüglich irgendeines Themas geweckt.

Nebenbei: Dazu fällt mir ein, wenn man etwas vergessen hat, was man gerade wollte, dann kann es helfen, sich zu fragen: ‚Welches Ziel hatte ich gerade?‘"

„Du meinst, man ist dann zu einem anderen Mittelpunkt gesprungen, und wird von dem vorhergehenden weniger gestaltet?"

Ich nickte. „Es ist wie beim Priming.

Und generell gilt: Eine sehr starke Konzentration ist immer nur für eine eingeschränkte Zeit möglich, weil sie ab einem gewissen Punkt, physiologisch bedingt, nachlässt."

„Und sonst lebt man ohne Bewusstsein?", fragte *GP*. „Wenn alles läuft und keine neuen Fakten hinzukommen?"

Ich schmunzelte. „Die meiste Zeit läuft tatsächlich alles automatisch ab, das Bewusstsein ist dann quasi im Bereitschaftszustand, es herrscht während dieser Zeit die normale Aufmerksamkeit, wird aber sofort wieder aktiv, wenn etwas Wichtiges auftritt. In der Regel ist dies weit weniger der Fall, als man meinen sollte. Darüber hinaus lernt das Gehirn hinzu, und das Neue wird größtenteils schnell zur Routine, sodass das Bewusstsein dann in dieser Intensität nicht mehr gebraucht wird.

Wenn man sich beobachtet, wird man dies bestätigen können. Im täglichen Leben begegnet man in der Regel nicht ständig etwas aufregend Neuem oder wichtigen Ereignissen.

- Die Aufmerksamkeit hat also die Aufgabe, ‚bei der Sache', in den jeweiligen Mittelpunkten zu sein.

- Das Bewusstsein, sich gegebenenfalls zu konzentrieren, um dem Gehirn die Informationen, die als sehr relevant eingeschätzt werden, nachdrücklich zu vermitteln.“

„Das Bewusstsein wird also immer mit intensiver Aufmerksamkeit dann aktiv, wenn dem Gehirn etwas sehr wichtig ist", wiederholte *GP*.

„Ja. Je nachdem, auf was die Aufmerksamkeit gerichtet wird, bekommt dies einen Wert, der den Menschen gestaltet oder anders gesagt, strukturieren kann. Es handelt sich hier zunächst um die normale Aufmerksamkeit. Ist etwas besonders wichtig, dann spricht man von einem bewussten Aufnehmen.

Auch auf die Gefahr hin, dass ich mich wiederhole: Der Zweck besteht darin, diese starken Informationen den Zielen im Gehirn zur Verfügung zu stellen, damit sie sie sofort aufnehmen und entsprechend reagieren können. Bewusstsein ist also immer auch eine Verbesserung der Informationsaufnahme der Sinne."

"Also liefern Aufmerksamkeit und Bewusstsein jeweils Informationen an das Gehirn?"

"Ja, der Unterschied liegt in der unterschiedlichen Wertigkeit."

"Bewusstsein ist nicht so oft aktiv."

"Wie ich schon sagte: Wenn man sich selbst beobachtet, kann man dies bestätigen. Im Alltag begegnet man normalerweise nicht ständig aufregenden, neuen oder wichtigen Ereignissen.

Aber hier sollte man unterscheiden: Jugendliche und insbesondere Kinder haben mehr Bewusstsein als Erwachsene. Bewusstsein im Sinne einer gesteigerten Wahrnehmung. Weil die Welt noch neu ist und sie ihre Erfahrungen sammeln. Das heißt aber nicht unbedingt, dass deren Wahrnehmung den Tatsachen entspricht (weil ja die Ziele im Gehirn die Wahrnehmung leiten).

Umgekehrt scheint es, dass, je älter man ist, desto weniger nimmt man neues in sich auf. Die Erfahrung zeigt, dass die neuronale Plastizität begrenzt ist. Dies gilt jedoch weniger für Bereiche, die Menschen lebenslang interessiert haben.

Viele Mittelpunkte sind im Laufe der Jahre fester geworden, aber auch starrer und schließen leider oft neue Dinge aus, die für die Mittelpunktmechanik scheinbar nicht passen.

Dazu könnte noch interessant sein: Bis man ca. 28 Jahre alt ist, arbeitet das Bottom-up – die nachhaltige Informationsaufnahme, die zur Wertgestaltung des jeweiligen Menschen dient. Danach erfolgt das Bottom-down – das Agieren mit sich gefestigten Informationen. (Aus der erfolgten Wertgestaltung agiert man.)

Nebenbei: Der Inhalt dieser erworbenen Informationen und Werte ist allerdings in aller Regel nur marginal wissenschaftlich abgesichert.

Das Bewusstsein weckt oder generiert Ziele aufgrund wichtiger Werte im Gehirn, wenn diese besonders berührt werden. Zum Beispiel: Überleben, neue Orientierung, gesellschaftliche Anerkennung.

Ist es überfordert oder man langweilt sich, dann kommt man ins Träumen.

In dem Moment aber, wenn man z. B. seine gewohnte Umgebung verlässt, wird auch die Aufmerksamkeit bzw. das Bewusstsein aktiver. Weil neue Fakten oder Eindrücke wichtig für das Gehirn sind, um sich zu orientieren. Bilder und Bewegungen werden bevorzugt bewusst wahrgenommen."

„Welcher Mechanismus mag dahinterstecken, wenn man mit einem Thema nicht weiterkommt, obwohl man meint, die Lösung zu wissen?", fragte *GP* nun.

„Es ist ein Mittelpunkt, der blockiert. Man hat sich z. B. verrannt, und in dieser Sackgasse kreisen die Gedanken. Der gleiche Mechanismus greift, wenn man etwa von Wut beherrscht wird. Allgemein gesagt: Immer, wenn ein Mittelpunkt da ist, der andere stark einschränkt."

„Da fällt mir ein", meinte *GP*, „wenn man dann darüber geschlafen hat, fällt einem die Lösung oft am nächsten Tag ein."

„Das kommt, weil der blockierende Mittelpunkt in der Zwischenzeit an Wert verloren oder sich aufgelöst hat.

Man hat Abstand gefunden. Im Schlaf hat das Gehirn die Aufgabe, die Erfahrungen des Tagesgeschehens zu integrieren, zu lernen und unter Umständen eine andere Sicht durch Umstrukturierung zu erzeugen. Dazu benutzt das Gehirn bevorzugt die Kreativität, in die die Mittelpunkte des Tagesgeschehens nicht störend eingreifen können."

„Man sieht die Dinge in einem anderen Licht", überlegte *GP*.

„Ja, die Einstellung ändert sich. Mit anderen Worten: Die übrigen Mittelpunkte, die mit diesem Thema assoziiert sind, wurden neu bewertet oder es kamen andere hinzu. Es sei denn, dieser Sackgassen-Mittelpunkt wirkt in der gleichen Form weiter. Dann hat man sozusagen einen Komplex.

Nebenbei: Wir alle wissen, dass das Gehirn bezüglich des Erkennens und besonders das Gefühl sich täuschen können. Daher sollte man, bevor man etwas Wichtiges entscheidet, eine Nacht darüber schlafen."

--- Komplexe ---

„Erkläre ‚Komplex' bitte noch mal."

„Es ist ein Mittelpunkt, also ein Neuronennetz, das unfähig ist, sich anzupassen und Änderungsversuchen einen starken Widerstand entgegensetzt."

„Er hat sich verkapselt?"

„Ja, im Gegensatz zu den Mittelpunkten, die immer dazulernen können. Oder zu den Clustern. Das sind Neuronennetze, die gelernten oder angeborene Abläufe ausführen und anpassungsfähig sind – wie das Saugen des Kleinkindes an der Mutterbrust, zu laufen oder das Zubinden der Schuhe."

„Ein Cluster ist also ein Mittelpunkt, der u. a. für Routinen zuständig ist, wie Bewegungsabläufe, immer wiederkehrende Handlungen, gelernte Reaktionen. Kannst du ein anschauliches Beispiel geben?", hakte *GP* nach.

„Nun, etwa ist ein Tic – eine kurze und nicht beeinflussbare motorische Kontraktion einzelner Muskeln im Gesicht – ein Komplex. Dagegen ist die normale Mimik ein Cluster."

„Es gibt, wie du schon sagtest, sehr viele Cluster in einem – Fertigkeiten, gelernte Abläufe, Handlungsweisen, Einstellungen usw.

Noch mal zurück zum Komplex: Dieser bedeutet eingeschlossen?"

„Ja, er umgibt sich mit Mauern. Er hat das Ziel, bestimmte Einstellungen, Haltungen, Reflexe unter allen Umständen aufrechtzuerhalten, und beeinflusst andere Mittelpunkte mit seiner Eigenart, das, was er in einer bestimmten Situation einmal gelernt hat, beizubehalten.

Dazu kommen noch u.a. *Lebens-Komplex, Erzeuger-Komplex, Komplex, jemandem zu folgen:* Diese liegen ganz in der Tiefe des Menschen, in seinen Urstrukturen. Damit wird er geboren und sie sind quasi nicht zu ändern.

▶ *Lebens-Komplex:*
Solange zu leben, wie es irgendwie geht, egal unter welchen Umständen.

▶ *Erzeuger-Komplex:*
Die Triebfeder, Nachkommen zu erzeugen, egal unter welchen Umweltbedingungen.

► **Komplex, jemandem zu folgen:**
Die Hingabe an jemanden, dem besondere Fähigkeiten zugesprochen werden und man bis zur Blindheit vertraut.

Wie bei allen Komplexen gibt es hier die Gefahr der Nichtanpassung an die veränderten Verhältnisse."

„Das heißt", überlegte *GP*, „sie sind starr und agieren nicht wie andere Mittelpunkte, die flexibel sind und im Konzert der Ziele des Gehirns mitspielen."

„Ja, sie agieren nicht wie die gesunden Mittelpunkte, lernen nicht dazu und stören somit die Flexibilität, die Anpassung des Gehirns. Das ist natürlich ungünstig: Die Außenwelt verändert sich ständig. Zentraler Punkt des Lebens allgemein und die daraus resultierende Anforderung sollte sein, dass sich der Mensch diesen Veränderungen anpasst.

Das ist in der Regel ja auch der Fall. Komplexe verhindern dies aber, ebenso wie etwa Vorurteile, Verblendung, Starrsinn, Intoleranz. Und besonders Fanatismus oder Dogmatismus."

„Dies findet man ja recht häufig", bemerkte *GP*.

--- Weltsicht ---

„Da habe ich noch mal eine Frage", fuhr er fort. „Abgesehen von der offensichtlich nicht zu widerlegbaren Tatsache, dass alles aus Substanzen besteht, die nach Gesetzen ablaufen: Wie könnte man sich erklären, dass es Menschen gibt, die glauben, ihre Sicht der Welt sei die einzig wahre?"

„Das sieht man besonders deutlich bei Extremisten, Fanatikern, Strenggläubigen, Menschen, die wie vernagelt sind", ich nickte.

„Aber auch die anderen ‚normalen' Menschen haben feste Ziele. Dies sind ihre Anker, also ihre Bezugspunkte, von denen aus sie agieren und die Welt bewerten."

Wer sich im Klaren ist, dass seine Perspektive nur eine von vielen möglichen ist, der läuft weniger Gefahr, dass ihm das Aufgeben eines Mittelpunktes den Boden unter den Füßen wegzieht.

Leider verringern die Mittelpunkte auch hier alles andere im Wert, das sie nicht unterstützen.

Zur Klarstellung:

Die Welt, die wir sehen, ist natürlich weiterhin da, auch wenn wir einmal nicht mehr sind. Sie würde sich aber nach der jeweiligen Wahrnehmung durch andere, von uns verschiedene, Wesen verändern.

Denn eine letztlich immer gleiche Welt gibt es nicht.

Was ewig bleibt – egal aus welcher Perspektive man sie sieht – ist, dass identische Substanzen unter identischen Bedingungen immer identische Ergebnisse zeigen.

Viele Menschen weigern sich, einen Mittelpunkt aufzugeben, auch wenn es ihnen dämmert, dass dieser schädlich für sie ist. Unter anderem deswegen, weil sie Angst haben, ihren Halt zu verlieren.

Diese Angst ist für Extremisten und Streng-Gläubige jeweils aktueller als für andere Menschen, weil sie überwiegend nur von einem oder wenigen Mittelpunkten gestaltet werden. So könnte ihre Welt tatsächlich auseinanderfallen.

Je mehr Mittelpunkte in einer Person flexibel spielen und miteinander kommunizieren können, desto besser ist es."

"Weil andere starke Mittelpunkte das innere System ändern können?"

"Ja, besonders wenn Sie sich nicht nur auf einige Mittelpunkte in Ihrem Leben konzentriert haben, sondern auf Vielfältige."

"Du meinst, wenn sie sich nicht nur auf ihre Ideale, ihre Familie konzentrieren, auf eine geliebte Person, auf die sie fixiert sind, den Beruf, ihr Hobby, usw. Sie können durch diese Mittelpunkte gefährdet werden, wenn Sie vollständig in sie vertieft sind, auf lange Sicht nichts anderes sehen?"

"Ich glaube schon."

„Aber muss man seine besonderen Mittelpunkte denn aufgeben?", fragte *GP* weiter.

„Das braucht man nicht unbedingt. Worauf man aber achten sollte, ist, dass die Mittelpunkte, die man z. B. liebt, auf Dauer einen Platz in einem bekommen, der garantiert, dass andere ihre Wertigkeit mehr oder weniger behalten."

„Also, dass ein Mittelpunkt kein dominanter Herrscher wird."

„Ja, das ist wichtig für die innere Harmonie."

„Das erinnert mich an Komplexe, von denen wir eben sprachen."

„Mittelpunkte, die nicht selten alles beherrschen, kann man als Komplexe ansehen."

„Also sollte man versuchen, sie zu verändern oder aufzulösen", schlug er vor.

„Das ist in aller Regel schwierig. Hat man einen Komplex erkannt und versucht, ihn zu bearbeiten, dann kann dies auf erhebliche Widerstände treffen."

„Welche Möglichkeiten siehst du?"

„Man kann die Psyche des Menschen, also die Ziele im Gehirn, aufgliedern in zugängliche und schwerer zugängliche.

Falls ein Komplex das gesunde Verhalten stört und man ihn selbst nicht ändern kann, ist es die Aufgabe etwa eines Therapeuten, diesem Komplex Zugang zu verschaffen, um ihn zu ändern bzw. aufzulösen.

Die Arbeit des Gehirns läuft in aller Regel unbewusst ab. Bewusst wird sie, wenn bestimmte Schwellenwerte überschritten werden. Also, wenn etwas Wichtiges im Vordergrund steht, tritt das Bewusstsein in Aktion, um den beteiligten Mittelpunkten durch intensivere Wahrnehmung Information zu liefern."

„Und diese Informationen nimmt der verkapselte Komplex nicht an?"

„Diese können sehr änderungsresistent sein – wie viele Ziele.

Ein Komplex muss aber nicht unbedingt bis ins Kleinste analysiert, bewusstwerden, damit man ihn ändern kann. Es reicht oftmals, falls es sich um eine erlernte Verhaltensweise handelt, diese wieder zu verlernen.

Die Methode, etwa bei der Angst vor dem Überschreiten großer Plätze, besteht darin, zunächst sehr kleine Plätze zu überqueren, die, wenn der Klient dabei weniger Angst verspürt, größer werden können.

Bei anderen ist es sinnvoller, wie gesagt, nach dem Grund, (der immer ein Ziel als Ursache hatte, warum er sich gebildet hat), zu suchen. Dadurch kann man eventuell einen Zugang schaffen, wenn das Bewusstsein einen neuen Mittelpunkt anregt, der Veränderungen herbeiführen kann."

„Du meinst", folgerte *GP*, „der eine wurde gelernt und könnte wieder verlernt werden. Der andere hat sich ir-

gendwann im Laufe eines Lebens gebildet, festgesetzt und könnte durch
Wiederfinden bzw. Bewusstmachen
bearbeitet werden."

„In allen Fällen geht es darum, einen
neuen Mittelpunkt zu bilden, der mehr
und mehr durch Gefühle verstärkt wird
und ein Gegengewicht zu dem Kom-
plex-Mittelpunkt bildet, der den Menschen einengt, bedrückt oder quält.
Und der diesen durch den natürlichen
Verlauf der Mittelpunkt-Mechanik
schwächt oder lahmlegt."

„Und was ist mit dem Verstand oder
der Vernunft?"

„Diese können x-mal sagen: ‚Es ist
Unsinn, was du machst oder denkst.'
Solange man das Gefühl nicht über-
zeugt hat, wird es kaum etwas nützen."

--- Gefühle ---

„Wie ist es mit den Gefühlen, wenn sie
bewusstwerden?", sprang *GP* auf das
nächste Thema an.

„Gefühle sind starke Steuerungsele-
mente im Menschen", erklärte ich. „Sie
entstehen u. a. durch das Erreichen
oder Nichterreichen von Zielen.

Durch das Erreichen wird der Weg verstärkt, den man eingeschlagen hatte, um auch in einer ähnlichen Situation zum Ziel zu kommen. Bei Nichterreichen eines Zieles werden negative Gefühle ausgelöst, die einen davon abbringen sollen, in Zukunft den gleichen Weg einzuschlagen. Gleichzeitig drängen sie mehr oder weniger, das Ziel weiterhin zu verfolgen.

Das Bewusstsein gibt diese Informationen an die Ziele des Gehirns weiter, damit sie von deren Netzwerken verarbeitet werden können. Je stärker Gefühle für etwas sind, umso mehr geht der Mensch in diesem Mittelpunkt auf."

„Weil dieser Mittelpunkt durch das Bewusstsein verstärkt wird?"

„Ja, etwa, wenn wir Musik hören.

Hier wird oft das Qualia-Problem der Philosophen angesprochen.

‚Qualia' heißt Qualität, Qualität heißt ‚Wert'. Die Qualität eines Wertes ergibt sich aus den Gefühlen, die der Mensch dabei (bewusst) empfindet."

„Qualia bedeutet also Gefühlswert."

„Ja, der Mensch ist empfänglich für Musik, weil sie Gefühle in ihm erzeugt. Je schöner diese sind, umso mehr Wert haben sie für ihn."

„So entsteht der Wert der Musik aus den Gefühlen, die man dabei verspürt", umriss *GP*. „Das ist aber nichts Neues."

Ich nickte. „Dass diese Gefühle aber durch einen Mittelpunkt, ein Ziel im Gehirn ausgelöst werden, ist etwas Neues.

Denn so verstehen viele Philosophen dies nicht, weil ihnen die Mittelpunkt-Mechanik unbekannt ist. Sie sagen, dass das Gehirn zwar alle möglichen Informationen wahrnehmen kann, dies aber nicht den Genuss der Musik erkläre, den wir empfinden.

Ich sage, dass dieser Genuss durch den Mittelpunkt entsteht, in dem ich bin, wenn ich Musik höre. Dieses Neuronennetzwerk nimmt natürlich nicht nur die Informationen auf, sondern erzeugt im Bewusstsein Gefühle, die sich in Verbindung mit dieser Musik ergeben."

„Je schöner man also Musik empfindet, umso schönere Gefühle werden dadurch entwickelt", ergänzte *GP*.

„Ja, das ist natürlich auch umgekehrt so: Je schlechter die Musik, umso weniger werden sich positive Gefühle entfalten."

„Und wenn jemand ganz unmusikalisch ist?"

„Dann empfindet er in dieser Beziehung so gut wie nichts."

„Inwieweit sich eine Qualia entwickeln kann, hängt also von dem Menschen ab, der sie empfängt", schloss *GP*. „Die Qualia wird so wechselseitig vom Gehirn und dem Bewusstsein bestimmt: von einem Mittelpunkt des Empfängers, zum anderen von der Qualität des Senders."

Ich nickte erneut. „Hier kommt die Ganzheitlichkeit ins Spiel: Ganzheitlich empfinden heißt oft, eine Ähnlichkeit empfinden. Das kann man sehr gut an der Musik sehen: Man erkennt eine Melodie, die man im Gedächtnis gespeichert hat, auch wenn sie mit anderen Instrumenten gespielt wird. Es sei denn, die Instrumente treffen nicht den Ton, also das Wesen dieser Melodie."

„Warum haben viele Philosophen Schwierigkeiten, diesen einfachen Mechanismus zu begreifen?", fragte *GP*.

„Weil sie nichts von der Mittelpunkt-Mechanik wussten, also nicht diesen Schlüssel zum Gehirn hatten, sie sich das Bewusstsein als etwas letztlich nicht zu Begreifendem vorstellten, und weil Gefühle in ihren Themen oft nur Nebensache waren. Dies gilt speziell für die Anhänger des Philosophen Immanuel Kant, der die Gefühle als ‚Gegner der Vernunft' darstellte.

Dabei haben Gefühle natürlich einen sehr hohen Stellenwert für den Menschen – nicht nur im negativen, sondern natürlich auch im positiven Sinn. Sie sind starke Helfer der Ziele – also der Mittelpunkte. Sie steuern den Menschen mit und sind nicht wirklich immer unvernünftig. Was wäre der Mensch ohne die Gefühle?"

„Philosophen können schon zu merkwürdigen Schlüssen kommen", schüttelte *GP* den Kopf.

Ich schwächte es mit meinem Motto etwas ab: „Was geschah, musste geschehen, wie es geschah."

--- Kontrolle ---

„Warum hat das Bewusstsein einen so hohen Stellenwert für viele Menschen?", fragte er noch einmal.

„Weil diese oft glauben, sie würden alles damit entscheiden. Sie brauchen es für das Gefühl, dass sie absolut frei bestimmen können. Sie wollen nicht realisieren, dass die Ziele des Gehirns in ihnen geurteilt haben.

Dessen wollen sie sich auch gar nicht klarwerden, weil sie befürchten, dann nicht mehr die Kontrolle über sich zu haben."

„Aber haben die Menschen denn überhaupt die Kontrolle über sich? Nach allem, was du ausgeführt hast, ist das Gehirn unendlich vielfältig und entscheidet ganzheitlich mit den akuten Zielen."

„Natürlich haben sie mehr oder weniger Kontrolle, denn die Ziele des ICH's befinden sich, wie ich schon ausführte, ebenfalls in der Psyche und spielen im Ablauf mit.

Das ICH kann bis zu bestimmten Grenzschwellen Bereiche der Psyche kontrollieren und, wenn notwendig, mit seinem Willen mehr oder weniger beeinflussen. Also über die Mittelpunkt-Mechanik andere Ziele in seiner Psyche überwinden.
Aber je stärker die Gefühle sind, umso schwieriger wird es.
Generell gilt: Je mehr in den Zielen die Gefühle die Macht haben, desto mühsamer hat es der Verstand, wenn Differenzen auftreten.
Dieser muss sich erklären – Gefühle nicht! Sie laufen nach den in ihnen liegenden Gesetzen ab, die es dem Verstand schwermachen können, Einfluss zu nehmen.

Das wird auch damit zusammenhängen, dass sich Menschen im Laufe ihrer Evolution mittels Gefühle entwickelt haben – der Verstand erst sehr viel später.
Auch daher – und weil es viel leichter ist, als den Verstand zu bemühen – wird oft das Gefühl bevorzugt.

Und: Es gibt natürlich etliche Mittel-punkte, die eine gewisse Stärke haben und sich nicht einfach vom ICH regie-ren lassen, wie etwa der Lebenstrieb.

So unterliegen viele Menschen einer übertriebenen Kontrollillusion."

„Schließlich sollte man nicht ver-gessen: Je wichtiger eine Ent-scheidung ist, umso stärker wird sie bewusst", wiederholte ich noch einmal. „Da den Menschen also jedes Mal diese Entscheidungen des Gehirns ins Bewusstsein kommen, sind sie der Meinung, dass sie selbst mit ihrem Bewusst-sein entscheiden.

Darüber hinaus wussten die Menschen bis ins 19. Jahrhundert wenig über das Gehirn. Das änderte sich im 20. und besonders im 21. Jahrhundert durch den Siegeszug der Computer. Dadurch wurden nichtinvasive Methoden kre-iert, wie etwa:

EEG (Elektroenzephalografie),

MRT (Magnetresonanztomographie),

fMRT (funktionelle Magnetresonanztomographie),

PET (Positronenemissionstomographie)
und CT (Computertomographie).

Diese Verfahren erlauben einen Ein-
blick in das Gehirn und lieferten so
Fakten, die vorher nicht bekannt waren.

Die alten Vorstellungen über das Bewusstsein, die Tausende von Jahren
gelehrt wurden, sitzen aber noch heute
in den Köpfen der Menschen und sind
schwer zu ändern."

--- Verurteilung ---

„Da steigt in mir eine Frage bezüglich
krimineller Taten hoch", fiel *GP* jetzt
ein. „Die Justiz geht ja davon aus,
dass der Mensch für seine Handlungen
verantwortlich ist."

„Wenn jemand eine Tat begeht, dann
ist er in diesem Zeitraum in einem
verstärkten Mittelpunkt, und es ist
dem Täter in der Regel nicht möglich,
damit aufzuhören: Das Ziel will sich
erfüllen."

"Kann das Bewusstsein die Auswirkungen nicht erfahren, wenn das Gehirn die Entscheidung getroffen hat?"

"Anschließend natürlich – aber unter dem Gesichtspunkt der Ziele des Gehirns, die derzeit vorherrschen, nicht."

„Und er kann sich nicht selbst beobachten? Kann er sich nicht bewusstmachen, was er tut?"

„Im Augenblick der Tat ist der Mittelpunkt der kriminellen Tat in der Regel so stark, dass er alles andere unterdrückt."

„Es ist wirklich merkwürdig, dass Menschen, während das Gehirn, genauer, der Mittelpunkt entscheidet, dies nicht bemerken und glauben, es kam vom Bewusstsein – das als das ICH mit seinem ‚freien Willen' angesehen wird."

„Genau dies glauben auch die Richter, weil sie davon ausgehen, wie du schon richtig sagst, dass das Bewusstsein alles entscheidet und der Wille frei ist, und beide die Tat hätten unterbinden können."

„Aber, wenn das Gehirn seine Entscheidung getroffen hat, dann könnte das Bewusstsein doch durch Information signalisieren, dass dies verkehrt ist", versuchte *GP* es noch mal.

„Dies schließt in der Regel das Ziel des Mittelpunktes aus. Und wenn, würde dies auch nur funktionieren, wenn die~~se~~ Informationen vom Gehirn wahr- und angenommen werden, was nicht geschieht.

Denn wie gesagt: Der Täter ist in einem Mittelpunkt. Dieser Mechanismus beherrscht ihn total, wenn auch eventuell nur sehr kurz. Hinzu kommt noch, dass die kriminelle Tat einen gewissen Ablauf in Gang gesetzt hat, der nicht so leicht zu stoppen ist."

„Also könnte man in dem Moment gar keine Kritik äußern, weil alle anderen Mittelpunkte – die die Wahrnehmung beeinflussen – kaum zum Tragen kommen", schloss *GP*.

„Exakt. Diesen eventuellen Widerstand in einem kann es schwerlich geben, solange man im Mittelpunkt dieser Entscheidung ist, weil es dafür sorgt, dass man praktisch nichts anderes mehr wahrnimmt. Und, wie gesagt, er setzt alles andere im Wert auf nahezu null. **Danach** wird es einem oft bewusst, was man gemacht hat. Aber dann kann man es natürlich nicht mehr korrigieren."

--- Freiheit / Determinismus ---

Einen Moment war es ruhig zwischen uns. Dann fuhr *GP* fort: „Kann man sagen: Jeder weiß, dass er Bewusstsein hat, aber kaum jemand konnte es bisher definieren?"

Ich nickte. „Obwohl dies eigentlich leicht ist, wenn man nicht total von seinen fixen Vorstellungen eingenommen ist: **Bewusstsein ist intensive Wahrnehmung mit seinen Sinnen, ganzheitlich oder im Detail.**

Beim Bewusstsein geht es auch um das Thema der geistigen Freiheit des Menschen. Wenn sich herausstellen würde, dass alles nach Substanzen und Gesetzen abläuft, dann wäre auch alles determiniert, dann hätte der Mensch ,quasi` keine Freiheit mehr und der freie Wille wäre auch nicht mehr da – aus der juristischen und philosophischen Sicht."

„Und – stimmt das?", fragte *GP*.

„Der Wille ist natürlich auch weiterhin da und spielt als Mittelpunkt eine wichtige Rolle im Leben des Menschen. Wille heißt ja, besonders starke Ziele für das ICH zu bilden, dass sich ja ebenfalls im Gehirn befindet.

Und Freiheit hätte der Mensch auch weiterhin – weil er nicht alles weiß. Und wer nicht alles weiß, ist gezwungen, Entscheidungen zu treffen. **Dieses Nichtwissen** ist seine Freiheit, die der Mensch auch nicht verlieren wird, weil er niemals alles wissen kann.

Aber Bewusstsein und **freier** Wille im bisherigen Sinne müsste aufgegeben werden.

Und Tatsache ist letztlich, dass alles aus Substanzen besteht, die nach Gesetzen ablaufen, und infolgedessen, dass alles vorbestimmt ist."

„Du meinst nicht die Freiheit, die aus dem Nichts käme, sondern die Freiheit der Möglichkeiten, die man hat. Ist das letztlich Freiheit?", fragte *GP*.

„Es ist eine Quasi-Freiheit", antwortete ich. „Es ist auf jeden Fall ein Irrtum zu glauben, dass es eine Freiheit gibt, die

aus dem Nichts oder durch einen un-
fassbaren Geist kommt."

Noch eine Bemerkung zum „Geist":
Einen Geist, im Sinne eines immateri-
ellen Wesens, den unsere Vorfahren
innerlich empfunden und dann nach
außen projiziert hatten, weil die Funk-
tionsweisen des Gehirns – auch bezüglich der Mittelpunkt-Mechanik – ihnen
völlig unbekannt waren, gibt es lediglich **in** den Menschen. Alles andere
sind Projektionen, die in der Realität
keinerlei Substanz haben.

**Die Geister in einem Selbst sind
die Mittelpunkte.**
Sie können schnell entstehen und ver-
gehen, im jeweiligen Kontext bezüglich
einer gewissen Wertigkeit mehr oder
weniger mitspielen und gestalten den
Menschen.

Mittelpunkte haben die Fähigkeit, dem
Menschen plötzlich eine Welt zu zeigen, die von der Gewohnten völlig ver-
schieden ist.

--- Ich, Es, Über-Ich ---

GP überlegte: „Es gibt ja auch eine Menge Theorien darüber, was sich im Menschen psychisch abspielt."

„Das kann man wohl sagen. Ich möchte einmal ein Beispiel nennen: **Es wurde versucht, die Psyche, also die Gesamtheit der Ziele und deren Mittelpunkte im Menschen**, die über Neuronennetzwerke wirken, aufzuteilen. Etwa in Ich, Es, Über-Ich, wie Sigmund Freud es getan hat.

Er schrieb: „Der psychoanalytische ‚Trieb' liegt damit sämtlichen Lebensäußerungen – gleich auf welcher ausdifferenzierten Ebene – zugrunde."

Hätte er statt Trieb, **Ziele** gesagt, wäre er der Wahrheit sehr nahegekommen. Triebe spielen natürlich auch ihre Rolle, sind aber letztlich auch nur Ziele. Und alles auf Triebe zu reduzieren, führt nicht zur Realität der Psyche.

Dies trifft also nicht den Kern der Wirklichkeit.
Diese ist, dass das gesamte Gehirn (zu dem u. a. auch das sogenannte Bauchgehirn zählt) ein dynamisches System ist, in dem die Mittelpunkte

150

alle miteinander mehr oder weniger –
und abhängig von dem jeweiligen
Thema – kommunizieren.

Wenn man mit drei Begriffen (Selbst,
Ich, Über-Ich) die Psyche einteilt, und
diese noch als jeweils eigenständige
Bereiche versteht, ist es als Erklärung
der Seele problematisch und zur Diag-
nose der komplizierten psychischen
Abläufe unbrauchbar.

Jeder einzelne Bestandteil dieser Be-
griffe hat sich weniger aus Trieben,
sondern aus Zielen zu einem Neuronennetz entwickelt, das sich im Gehirn
befindet, und korreliert auch, in der
Regel unbewusst, mit anderen.

Es gibt also nicht drei große Bereiche
in der Psyche, sondern eine Unmenge
an Zielen, die miteinander verbunden
sind:

**In jedem Lebewesen befindet sich
ein Spektrum an Zielen, die sich
relativieren, ablösen, miteinander
verbinden, gemeinsam agierende
Gruppen bilden, überdecken, um
die Vorherrschaft ringen und sich
in einer teilweise abwechselnden
Hierarchie ordnen. Ziele kommen**

hinzu, andere verändern sich oder erlöschen. Jedes Ziel hat bzw. erzeugt, wenn andere Ziele hiervon berührt werden und Gefahr laufen, beeinträchtigt zu werden, seine Gegenspieler. Und jede Handlung erfolgt durch ein Bündel von Zielen, die jeweils Strukturen entwickeln, Kompromisse schließen, sich verstärken oder abschwächen. Viele Ziele ändern sich im Laufe des Lebens, bis auf die ganz tiefliegenden, z. B. der Lebenstrieb. Dieser bleibt in aller Regel immer bestehen, auch wenn man sehr alt ist.

In diesem Lebensraum bilden sich die Verhaltensweisen: Aktionen, Planung, Handeln usw., das Treiben der Triebe, und die Gefühle des Gewissens.

Diese sind nicht abgegrenzt, sondern unterliegen u.a. den Gesetzen der Mittelpunkt-Mechanik.

- In diesem Beispiel soll das ‚ICH' das Bewusstsein sein, das regelnd in Abläufe der Triebe, Bedürfnisse und Affekte eingreift. Darüber hinaus hat es die Aufgabe, soziale Normen, Werte, Gehorsam, Moral zu beachten.

Dazu kann man sagen, dass das Bewusstsein (also die Sinne) lediglich Informationen an das Gehirn liefert, die es durch intensive Wahrnehmung aufgenommen hat und die dann von den jeweiligen Mittelpunkten mehr oder weniger verarbeitet werden – was früher nicht bekannt war. Das ICH ist mit seinen Zielen und Mittelpunkten im Gehirn vertreten und diese können u. U. regelnd in die Abläufe der Psyche eingreifen.

Und wie gesagt: Das Bewusstsein ist nicht das ICH.

- Das ‚Es‘ soll in diesem Fall das Unbewusste repräsentieren, dessen Inhalt die Triebe, Bedürfnisse und Affekte sind.

Dazu kann man sagen, dass das, was einem unbewusst ist, sehr viel mehr beinhaltet als diese drei Bereiche, nämlich unzählige Neuronennetzwerke, Handlungsabläufe, Kommunikationseinstellungen, Anpassung an die jeweilige Umwelt usw.

Es ist auch nicht so, dass dies unbedingt unbewusst bleiben muss, sondern alle diese Aktionen werden, wenn sie einen gewissen Schwellenwert überschreiten (können), bewusst.

- Das ‚Über-Ich' schließlich stellt in dem Modell die Moral, die gesellschaftlichen Normen und das Gewissen dar, die korrigierend in die Abläufe des Es, also der Triebe, Bedürfnisse, Affekte eingreifen soll.

Dazu kann man sagen, dass Moralvorstellungen in Zielen gespeichert sind, ebenso wie soziale Normen usw. Das Gewissen sind Gefühle, die über Bewertungen von gut oder böse ausgelöst werden, die ebenfalls von Zielen generiert werden.

„Gewissensbisse entstehen also, wenn man sich nicht den Moralvorstellungen, die sich in einem gebildet haben, entsprechend verhalten hat", folgerte *GP*.

Ich nickte. „Und wenn man etwa eine Tat beging, mit der man sich seiner Ansicht nach schuldig gemacht hat."

„Warum wurden solche Theorien in die Welt gesetzt?", fragte *GP*. „Sie bilden doch wirklich nicht die komplizierten Abläufe im Gehirn ab."

„Man wusste es damals nicht anders, es haben sich nach dem Wissen jener Zeit Theorien gebildet, die, wie diese, auf fruchtbaren Boden fielen, weil hier die Rolle des Unbewussten zum ersten Mal deutlicher dargestellt wurde.

Bis dahin hatte man mehr oder weniger gedacht, dass man sich ausschließlich selbst mit seinem Bewusstsein beherrscht. Diese Theorie war etwas Neues, die Zeit war reif dafür und es war sehr einfach ausgedrückt.

Je einfacher Theorien sind, Fragen beantworten und Erwartungen erfüllen, die den Menschen passen, ohne viel nachdenken zu müssen, umso schneller können sie populär werden.

Freud hatte auf das Unbewusste in der Psyche aufmerksam gemacht, und es so dargestellt, dass das ICH mit seinem Bewusstsein der Herr über sich selbst ist, bzw. mit seinem Willen sein kann.

Dies verletzte nicht das Bild des Menschen von sich selbst.

Die Zeit war auch deswegen reif, weil zu der damaligen Zeit die Prüderie auf die Spitze getrieben wurde, was zu sexuellen Neurosen führte. Das war ein starker Mittelpunkt zu dieser Theoriebildung. Antrieb bekam er auch von dem Ziel der sexuellen Befreiung.

Solche Theorien können sich lange halten – wie Gewohnheiten. Und wurden auch lange verteidigt.

Freud hat, wie gesagt, darauf aufmerksam gemacht, dass Menschen nicht immer Herr im eigenen Haus sind – weil unbewusste Strömungen die Kontrolle übernehmen können.

Mit seiner Einteilung der Psyche in drei separate Bereiche traf er aber leider nicht die Tatsachen. **Denn die Psyche entsteht durch Ziele, die zum Erreichen Neuronennetze (Mittelpunkte) bilden.** Von diesen entwickeln sich unzählige, um in der Welt zu überleben und sich anpassen zu können. Alle sind miteinander mehr oder weniger verbunden und agieren besonders in Abhängigkeit von den aktuellen Zielen.

Und noch ein Wort zu den Träumen:

Wenn man sich fragt, was sollen uns die Träume zeigen, dann ist die Antwort: Sie sagen uns wenig Nützliches. Weil dies weder deren Aufgabe ist, noch der Verstand mitspielt.

Was man träumt, ist also weniger für die eigene Erkenntnis wesentlich, als das, wie man selbst seine Träume deutet.

Denn dann werden, durch das Forschen auch in seinem tieferen SELBST, eventuell Ziele berührt, die sonst nur, unbewusst, im großen Konzert der Psyche mitspielen können. Weil sie im Wachgeschehen, in der Regel, von den Mittelpunkten aus den unterschiedlichsten Gründen nicht wahrgenommen werden (können).

Zum Beispiel:

Im Gegensatz zum Wachsein, wo Anpassungsziele mit dem Großhirn dominieren, geht es im Traum um Themen des jeweiligen Lebewesens, die nicht mehr von den Mittelpunkten beeinflusst werden. Das Großhirn spielt hier unter anderem keine Rolle, weil es weitgehend stillgelegt ist. So werden die Fantasien der Träume als Realität wahrgenommen.

Im Schlaf geht es um die Erholung vom Wachzustand, in dem man ständig vom Mittelpunkt in Strukturen zurückgebracht werden kann.

Im Traum geht es um das Weiterwirken der Sinne, die nun nach innen gerichtet sind. Da etliche Funktionen des Gehirns stillgelegt sind, zeigen sie Themen und Prozesse, die nicht auf ein Endergebnis ausgerichtet sind – wie die Ziele (obwohl auch hier nur Stoffe nach Gesetzen ablaufen).

Wie man die Welt wahrnimmt

(Definition und Erklärung)

Man kann die Welt als feststehende Größe betrachten, die aus jeder Sicht gleich ist.

Dies wird als Outside-in-Theory bezeichnet.

Man kann die Welt aber auch so sehen, dass sie von den verschiedenen Lebewesen unterschied-

lich, bezüglich ihrer
Ziele, gesehen wird.

Dies nenne ich die

Inside-out-Theory.

Dort wie hier erhalten
die Sensoren Reize von
der Außenwelt. Wenige
Impulse reichen, um sich
ein Bild zu machen.

Im Unterschied zu der
Outside-in-Theory wird
die Welt aber von den
jeweiligen Lebewesen
nach ihren Zielen er-
stellt:

160

Die Sensoren senden die aufgenommenen Informationen an die Neuronennetze. Wenn dort festgestellt wird, dass die Welt, die sie wahrnehmen, von den gespeicherten in den Mittelpunkten abweicht, verarbeiten sie gegebenenfalls ihre Sicht der Welt.

Dieser Ablauf kann unmittelbar nachvollzogen werden:

Die Welt, die die Lebewesen, also auch die Menschen,

wahrnehmen, ist eine, die sich aus **ihren Zielen, die Neuronennetze aufgebaut haben**, ergibt. (So, wie sich nach der Zeugung der Körper nach ererbten Zielen aufbaut, so auch die Psyche: **Diese Ziele erzeugen Neuronennetzwerke**, um erreicht zu werden.)

Nach diesen sieht die Sensorik die Welt. Sobald die Innenwelt mit der Außenwelt differiert, ändern die Neuronennetzwerke gegebenenfalls ihre Strukturen.

So nimmt der Mensch die Welt also nach seinen psychischen Zielen wahr.

162

‼ Die Welt, die sich uns zeigt, ist zwar natürlich zuerst da, aber, was der Mensch von dieser aufnimmt, entscheidet das Gehirn nach seinen Zielen. ‼

Selbst wenn man alles aufnehmen möchte, was sich um einen herum befindet, bleibt es immer eine Frage der Grenzen unserer Sinne und Gehirns.

*Wikipedia (Definition): Wahrnehmung (auch Perzeption genannt) ist bei Lebewesen der Prozess und das **subjektive Ergebnis** der Informationsgewinnung (Rezeption) und -verarbeitung von Reizen aus der Umwelt und aus dem Körperinneren. Das geschieht durch unbewusstes (und beim Menschen manchmal bewusstes) Filtern und Zusammenführen von Teil-Informationen zu subjektiv sinnvollen Gesamteindrücken. Diese werden auch Perzepte genannt und laufend mit ge-*

speicherten Vorstellungen (Konstruk-ten und Schemata) abgeglichen.

▶ Nach dieser Definition wäre zuerst die Welt da, die durch Filtern und Zusammenführen von Teil-Informationen zu subjektiv sinnvollen Gesamteindrücken in den Lebewesen entsteht.

Das wirft die Frage auf: Nach welchen Direktiven erfolgen das Filtern und Zusammenführen von Teil-Informationen?

Die Antwort könnte nur sein: Durch die Ziele im Gehirn, die mittels der Sensorik, die von seinen Werten (Zielen) fokussiert werden (also worauf die Aufmerksamkeit gerichtet werden soll).

▶ **Daher meine ich, es ist so, dass zuerst das Gehirn (die Mittelpunkte) eine ungefähre Erwartung bezüglich der Welt nach seinen Zielen in sich hat. Dann wird diese von den**

so selektierten Sinnen wahrgenommen. Sobald dies geschehen ist, werden Ungleichheiten dieser beiden Welten (Erwartung und Tatsache) vom Gehirn, wenn es ihm nach seinen Zielen richtig erscheint, in Millisekunden korrigiert.

Zunächst sieht man also immer die Welt nach seinen Gewohnheiten, Erwartungen, Vorstellungen, die im Gehirn über Ziele in einem gespeichert sind. Wird erkannt (weil es wertig ist), dass sie davon abweicht, wird die Speicherung entsprechend angepasst. Ziele lernen hinzu oder bilden sich neu – wiederum zunächst nach dem, die man ererbt oder gelernt hat, weil man nur durch sie ursprünglich die Welt wahrnehmen kann.

Es gibt keine Welt, wie sie eigentlich und immer ist, sondern

nur eine aus der Sicht des jeweiligen Betrachters.

Daher sehen wir die Welt nicht, wie sie scheinbar vor uns liegt (das heißt auch, für alle gleich), sondern eine, die das Gehirn uns, aufgrund seiner Ziele, zeigt.

Da jeder Mensch seine charakteristischen Ziele in sich hat, sieht er auch seine eigene Welt, auf die er individuell reagiert.

(Nebenbei: Da jede Gattung ihre spezifischen Ziele hat, sieht sie auch die Welt ähnlich).

Nochmal: So können Menschen die Welt immer nur aus der Sicht des jeweiligen Betrachters wahrnehmen!

Zur Klarstellung:

Die Welt, die wir sehen, ist natürlich weiterhin da, auch wenn wir einmal nicht mehr sind. Sie würde sich aber nach der jeweiligen Wahrnehmung durch andere, von uns verschiedene, Wesen verändern.

Denn eine letztlich immer gleiche Welt gibt es nicht.

Was ewig bleibt – egal aus welcher Perspektive man sie sieht – ist, dass <u>identische Substanzen unter identischen Bedingungen immer identische Ergebnisse zeigen.</u>

Zusammengefasst:

Man sieht die Welt aus seiner Sicht. Diese ergibt sich aus den Zielen des jeweiligen Menschen. Und zwar aus seinen gegenwärtig aktiven oder besonders durch die momentan zusätzlich angereizten.

►Die aktiven Ziele formen die Welt in eine Struktur, die zu ihrem Erreichen benötigt wird.

►Je nach Wertigkeit der jetzt aktivierten Reize werden weitere Ziele geweckt, die zusätzlich die Sicht strukturieren.

►So gibt es keine identische Welt, die alle gleich sehen, sondern viele verschiedene, aus der Sicht der jeweiligen Ziele.

Und: Verstand heißt, eine Sache genau wahrzunehmen, also zu begreifen. Begreifen kann man immer nur das, wofür man eine Anlage hat.

(Begegnet man etwas für einen absolut Neuen, dann kann man das natürlich auch aufnehmen, begreifen – aber, wie gesagt, nur nach seinen Anlagen – seinen Zielen). So wird das Neue aus dem Um- und Innenfeld des Menschen von dem Gehirn seinen Anlagen entsprechend angepasst.

Dementsprechend nimmt man die Welt zuerst durch die Ziele in sich selbst und dann mit den ausgerichteten Sinnen auf – in dieser Reihenfolge.

Die Sinne werden zwar ständig mit ungefilterten Reizen konfrontiert (ca. 11 Millionen Bits pro Sekunde), doch sie bilden die vor uns liegende Welt nicht einfach 1:1 ab, sondern das Gehirn selektiert sie mit seinen Zielen, die die Sinne so ausrichten, dass sie nur die Informationen wahrnehmen, die zu den Zielen des Gehirns passen, weil sie wichtig sind.

Diese Millionen Bits sind also nicht dazu da, um die Umwelt genau für uns abzubilden, sondern um die Strukturen, die nach dem Selektieren durch unsere Ziele entstehen, mit den gespeicherten im Gehirn zu vergleichen und gegebenenfalls diese durch Lernen (verändern von Synapsen) zu korrigieren.

Generell ist es also so, dass der Mensch die Welt seiner Erbanlagen im Kopfgehirn, dem autonomen Nervensystem (plus dem somatischen Nervensystem) und dem Bauchgehirn (enterisches Nervensystem) hat, zusammen mit denen, die über Erfahrungen und Lernen in ihm aufgebaut wurden.

Das ist der Grund dafür, dass wir die Welt jeweils unterschiedlich und eventuell falsch wahrnehmen; weil wir nicht in den richtigen Mittelpunkten waren. (Falsch in der Beziehung, dass wir dadurch Nachteile haben, z. B. nicht angemessen reagieren.)

Und da das Selektieren durch die Ziele auch das Speichern der Erfahrungen im Gehirn beeinflusst, kann es so zu falschen Informationen kommen.

Ein kleiner Ausflug zur Objektivität:

Wie nehmen etwa Tiere, Bakterien, Viren die Welt wahr?

Wer sieht sie richtig?

Natürlich werden Menschen sagen: Die Welt sieht letztlich so aus, wie wir sie selbst sehen.

Wer sagt, man kann die Welt nur aus der menschlichen Perspektive sehen, hat bestimmt **Recht**.

Wer glaubt, dass man dies bezüglich einer Grundwelt sagt, die ewig und unveränderlich ist, hat bestimmt **Un-recht.**

Denn die Welt ist in ihrem Grund u.a. **nicht** in einem ewig identischen Zustand (weil ständig Prozesse auf allen Ebenen stattfinden).

Ein kleiner Anreiz zum Nachdenken:

Was sollte das Gehirn denn auch wahrnehmen, wenn man sagt, man sieht sie, wie sie ist?

Die Antwort ist nur möglich in Bezug auf Ziele, die in einem selbst – im Gehirn - liegen.

Und: Die Wahrnehmung der Menschen ist eingeschränkt. Wie bezüglich des Hörens und Sehens mit der jeweiligen Bandbreite. Oder z. B. der Unfähigkeit, Radioaktivität, Magnetismus usw. wahrnehmen zu können.

So gibt es keine Welt, die aus jeder Perspektive gleich und unveränderbar wäre.

Zusammengefasst:

Von Lebewesen betrachtet ist die Welt subjektiv.

Von einem Apparat aufgenommen – egal aus welcher Perspektive - ist sie immer Objektiv.

Dies bedeutet aber nicht: ewig feststehend und unabänderlich, weil die Welt sich ständig verändert.

Ewig sind nur die Gesetze, nach denen die Substanzen sich bewegen.

Und alle Perspektiven der Makro- oder Mikrowelt ergeben den Satz:

- **Identische Substanzen unter identischen Umständen ergeben immer identische Ergebnisse.**

- **Der Grund dafür ist, dass alles nicht zu verändernden Gesetzen unterliegt.**

- **Ändert man Substanzen oder Umstände, dann treten auch andere Gesetze auf.**

Wenn man sich in einer fremden Umgebung einmal um 180 Grad dreht, dann braucht es Millisekunden, bevor man das, was dann vor einem liegt, bewusst wahrnimmt.

Dies legt am Gehirn: Zuerst erfolgt die allgemeine Wahrnehmung nach seinen Erwartungen. (Gibt es keine spezifischen, sucht es nach Ähnlichkeiten). Je nachdem, inwieweit diese mit dem, was vor einem liegt, nicht übereinstimmt, wird es, wenn es relevant ist, korrigiert.

Das Ziel der Orientierung benötigt zur Abklärung Daten der Sinne, ob und wieweit die vom Gehirn gezeigte Welt eventuell von der Realität abweicht, um sich anpassen können. Diese brauchen dazu Millisekunden. (Das Ziel der Orientierung ist ein zentrales Ziel in den Lebewesen).

Auch das Erkennen erfolgt durch Ziele; man erkennt das wieder, was im Gehirn abgespeichert wurde. Hier findet sich auch der Grund für Verwechslungen (weil das Gehirn nach Ähnlichkeiten geht).

Die selektierten Reize verändern gegebenenfalls im Gehirn bestehende Neuronennetze, oder generieren neue, wenn Ziele (Mittelpunkte) in der Psyche dies für wichtig erachten. Ergeben sich bezüglich der Reize mehr oder weniger starke Differenzen zu dem, was bisher gespeichert wurde, dann wird es angeglichen.

Mittels der Sinne, die über die Aufmerksamkeit deren Informationen an das Gehirn schicken, ist dies immer auf einen aktuellen Stand – wenn die Ziele der Wahrnehmung nicht zu sehr von bestimmten (starren) Mittelpunkten eingeengt werden.

Ohne neue Außen-Informationen von den Sinnen ist das Gehirn quasi blind – und agiert nur noch nach seinen bisherigen Informationen, die es gespeichert hatte – wie es im Traum geschieht.

Zunächst sieht man die Welt, die man zuletzt in sich abgespeichert hatte. Wenn die Sinne diese anders erkennen, ändert sich die Speicherung – wenn das Gehirn entscheidet, dies ist wichtig.

> Z. B., wenn eine flüchtig gesehene, aber als nicht relevant eingeschätzte Landschaft von den Sinnen gesehen wird. (Das Gehirn bleibt bei seiner Sicht). <

>Anders ist es, wenn man etwa aus dem Schlaf erwacht und die vor dem Schlafengehen gespeicherte Welt sich verändert hat. Zunächst sieht – erwartet – man die Welt nach der routinemäßigen Einspeicherung. Senden die Sinne aber andere Reize, dann wird das Ge-

hirn diese in seine Sicht einbeziehen, weil es in der Regel wichtig ist, um mit der unmittelbaren Welt umgehen zu können.

Die Bewertung und eventuelle Änderung erfolgt sehr schnell (wie gesagt: in Millisekunden). <

> So erfolgt es auch im Traum: Die Sensorik, die aufgrund des Schlafes hauptsächlich nach innen gerichtet ist, nimmt die Reize der Traumwelt als Tatsachen, die das Gehirn – und folglich wir – aufgrund seiner eingeschränkten Stirnhirn-Struktur im Schlaf als Realität nimmt. <

Bezüglich des Erkennens sind einzelnen Dinge nicht wichtig. Es kommt jeweils auf das Ziel an. Wenn dies ist,

Einzelheiten zu betrachten, dann erst werden diese besonders wahrgenommen. Geht es aber darum, den Gesamteindruck abzuspeichern, dann nimmt man dieses als Ganzheit wahr.

Als Beispiel kann das Musikempfinden dienen: Man nimmt das Ganze wahr, und nicht die einzelnen Instrumente, weil dies nicht das Ziel ist. (Das Ganze ist, das Musikempfinden wahrzunehmen). Die Wahrnehmung einzelner Geräte würde das Empfinden trüben, weil man dadurch in andere Mittelpunkte kommen und abgelenkt werden könnte.

Genau so nimmt man im täglichen Leben alles von seinen Zielen aus auf. Und so sieht man die Welt.

Ist etwas nicht mehr stimmig (z. B., etwas Gefährliches taucht auf) dann wird ein Ziel aktiviert, um es speziell wahrzunehmen. Dadurch ist man plötzlich in einem anderen Mittelpunkt. Dies wird ebenfalls ganzheitlich aufgenommen und erzeugt im Gehirn ein anderes Muster.

Nochmal: Wie und mit was etwa ein Raum gefüllt ist, ist zunächst nicht

wichtig, solange man in dem Ziel ist,
diesen Raum wahrzunehmen. Erst
wenn man genauer durch andere Ziele
hinschaut, bekommen diese einen
Wert.

Fazit: In der Regel nimmt das Gehirn
ganzheitlich auf. Die etwa angereizten
Ziele können die Themen aber schnell
wechseln lassen.

Die
Mittelpunkt-Mechanik
(Gespräch über)

GP und ich machten einen Spaziergang um die Alster in Hamburg.

„Warum nehmen Ziele in deinen Schriften eine so zentrale Rolle ein?", wollte *GP* wissen.

„Nun, weil sie alles strukturieren, in eine Gestalt bringen: **Alles hat das Ziel, eine Struktur nach den Gesetzen zu bilden.**

Nehmen wir den Menschen – ich nenne Ziele hier ‚Mittelpunkte': **Der Mittelpunkt ist die Gestalt, die ein Ziel aus einem macht**.

Als generelles Strickmuster das Beispiel, wie man Radfahren lernt:

179

Am Anfang steht das Ziel.
Dies erzeugt ein Neuronennetz im Gehirn, um es zu erreichen.

Gleichgewicht, Muskeln, Seh-
nen, Körperhaltung, psychi-
sche Abläufe usw., werden
als Unterziele in der benö-
tigten Form ausgebildet,
aufeinander abgestimmt und
zwischengespeichert.

So werden nach und nach die
Fähigkeiten verbessert; man
lernt aus seinen Fehlern.

Dies alles wird von den Neuronennetzen gemacht, die
sich durch das Ziel Radfahren bildeten und dann weiter
ausformen, um das Koordinie-

ren von Körper und Psyche zu erweitern und die Feineinstellungen anzupassen.

Aus dem Netzwerk am Anfang (dem Mittelpunkt Radfahren) sind jetzt weitreichende Verflechtungen geworden. Die, wenn die jeweiligen Unterziele erreicht wurden, dauerhaft gespeichert und zu einem automatischen Verhalten werden, das aktiviert wird, wenn man wieder aufs Rad steigt.

Während alles im Universum von Zielen gestaltet wird, denen die Folgen ihrer angestrebten Struktur ,egal' sind, kommen bei Lebewesen die Ziele der Erhaltung hinzu. Diese bilden sich im Gehirn durch Netze aus Neuronen, die via Synapsen verbunden sind und die ich, wie gesagt, ,Mittelpunkte' nenne.

Je nach Art und Individuum werden die Lebewesen von ihnen gestaltet.

Ein Mittelpunkt besteht also aus weit über das Gehirn verteilten Neuronen, die viele Areale einbinden und ein Netz bilden, das dazu dient, Einstellungen, Handlungen, Vorstellungen, Gefühle usw. zu erzeugen. Es ist ein Ziel, das alles zulässt, was passt, um es zu erreichen, und allem anderen nur wenig oder gar keine Aufmerksamkeit widmet.

Es ist sehr selten, dass nur ein Mittelpunkt agiert; meist werden diverse einbezogen, die geeignet sind, das Ziel zu erreichen."

„Dann ist der Mittelpunkt ein Schlüssel zum Verständnis des Menschen?"

„Ja – aller Lebewesen. Um ein Ziel zu erreichen, muss man einen Weg gehen. Wenn ‚Weg' etwas genauer ausgedrückt werden soll, kann man sagen: Es braucht eine Struktur auf zwei Arten: Und zwar muss der Weg in der Umwelt geformt werden und natürlich auch der Mensch, der dieses Ziel erreichen will. Alles, was zu dieser Struktur beitragen könnte und im Moment fassbar ist, wird von dem Ziel berücksichtigt – alles andere bleibt ungenutzt.

Ein Beispiel: Wer sich stark konzentriert, um ein Ziel zu erreichen, wird im Nachhinein merken, dass er nichts anderes mehr wahrgenommen hat. Nur das, was zu seinem Ziel passte.

Man kommt sich selbst jeweils näher, wenn man erkennt, in welchem Mittelpunkt man war."

„Ich habe es so verstanden", fasste *GP* zusammen: „Ein Mittelpunkt will sich verwirklichen. Dazu braucht es eine bestimmte Struktur. Diese wird aus dem geschaffen, was dafür relevant ist, alles andere bleibt unberücksichtigt. Sollte etwas stören, wird es im Wert herabgesetzt, kann den Menschen also viel weniger gestalten."

Ich nickte. „Dieses Herabsetzen der anderen Werte geschieht nicht willentlich, sondern mechanisch. Es ist ein gesetzmäßiger Ablauf. Deshalb habe ich es auch ‚Mittelpunkt-Mechanik' genannt."

„Es wird nicht willentlich unterdrückt, sondern es geschieht automatisch durch den Mittelpunkt?"

„Ein Beispiel: Am 24. März 2015 flog ein Pilot mit einem Passagierflugzeug in den Suizid. Er steuerte das Flugzeug gegen ein Felsmassiv. Alle 150 Insassen riss er mit in den Tod. Was ging im Kopf dieses Menschen vor?"

„Er hat alles andere verdrängt", folgerte *GP*.

„So könnte man sagen. Dann wäre es eine Sache des Willens, der sich weigert, etwas zur Kenntnis zu nehmen.

Einfacher und völlig automatisch erreicht dies ein Mittelpunkt, den man anstrebt.

Die Antwort, was im Kopf des Kopiloten vor sich ging, gibt die Mittelpunkt-Mechanik: Das Ziel, sich das Leben zu nehmen, setzte alle anderen Mittelpunkte im Wert herab bzw. auf null – den bevorstehenden Aufprall auf die Berge, die 150 Menschen, die an Bord waren und mit ihm sterben mussten, ihre Angehörigen, die den Verlust zu erleiden hatten usw.

Auf der einen Seite ist es erschreckend, was Mittelpunkte anrichten können, etwa die ungeheuren Gräuel des Naziregimes oder menschenverachtende Taten, die quasi alle Völker verübt haben."

„Oder was einzelne Menschen anderen angetan haben", ergänzte *GP*.

„Ja. Auf der anderen Seite ist es schön, was Mittelpunkte bewirken können. Zum Beispiel die Liebe, für Menschen oder andere Lebewesen einzutreten.

Nebenbei: Das erklärt auch das Wesen der Mediation: Hier wird ein Mittelpunkt gebildet, der mit der Zeit, der Intensität und Menge der Übungen immer stärker wird und alle anderen Mittelpunkte im Wert beeinflusst bzw. herabsetzt.

In aller Regel herrscht natürlich nicht nur ein Mittelpunkt in der Psyche, sondern viele, die sich gegenseitig ergänzen, hemmen oder nur zum Teil mitspielen. Sie können gemeinsam agieren, bilden Meganetze (Cluster), etwa um sich wiederholende Abläufe zu gewährleisten, integrieren sich in neue, finden sich für bestimmte Aktionen zusammen.

Da die Anpassung ein zentrales Thema für das Leben ist, bilden sich immer neue Mittelpunkte.

Hier ein Beispiel, wie Mittelpunkte wirken: Gerne wird darüber gestritten, ob der Mensch altruistisch sein kann. Das kann er sicher, denn: Wenn er in dem Mittelpunkt ist, anderen zu helfen, dann können auch die Mittelpunkte des Egoismus ausgeschaltet werden, die eigentlich starke Ziele in den Menschen sind.

Allerdings: Im strengen Sinn gibt es keine Selbstlosigkeit, weil das Ziel zu helfen die eigenen Gefühle befriedigt."

„Was kann man machen, um einem Mittelpunkt auszuweichen, kein Sklave zu sein?"

„Wie gesagt: Ihn mit seinen eigenen Waffen schlagen: einen anderen Mittelpunkt wählen oder neu kreieren und darauf den Focus legen."

„Wie kann man ein Ziel am besten erreichen?"

„Indem man den Mittelpunkt verstärkt:
Nur auf das achtet, was für das Ziel
wichtig ist.
Wenn das nicht ausreicht, dann kann
ein neues Ziel gebildet werden, das
weitere Neuronengruppen einschließt,
die automatisch danach ausgesucht
werden, wie gut sie zur Lösung beitragen könnten.

Auch hier sieht man wieder das Aus-
wahlprinzip des Mittelpunktes.

Darüber hinaus sucht das Gehirn bei
jedem Ziel nach Ähnlichkeiten aus anderen Bereichen: Ob Erfahrungen vor-
liegen, oder mittels der Logik, etwa
dem Ausschlussverfahren, ob sich Lösungen für das Problem eignen, und
verwirft, wenn man lange genug nachdenkt, alle angebotenen ‚Lösungen‘,
die nach der Erfahrung unlogisch sind,
nicht zum Erreichen dieses Ziels passen oder bis auf eine Ähnlichkeit nichts
mit dem Thema gemein haben."

„Ziele sind also die Triebfedern?"

„Sooft man nachforscht, immer wird man auf Ziele treffen, die den Menschen angetrieben, strukturiert haben. Sie können gravierend unsere Wahrnehmung ändern: durch die Mittelpunkt–Mechanik.

Stell dir eine ungeheure Menge an Zielen vor, die alle mehr oder weniger miteinander verbunden sind."

„Du meinst das Gehirn."

„Ja, die Neuronen, die über die Synapsen Kontakte haben. Es gibt ca. 80 Milliarden Neuronen und 100 Billionen Synapsen im Gehirn. Neuronen bilden Netze, um bestimmte Funktionen ausführen zu können. Das Gehirn besteht ja, etwa neben Gliazellen, vor allem aus Neuronen und Synapsen.

Alles, was sich im Gehirn befindet, läuft nach Gesetzen ab. Die Ziele erzeugen die Mittelpunkte und diese strukturieren den Menschen."

Wir setzten uns auf eine Bank und sahen den Segelbooten zu, die auf der Alster kreuzten. Es war ein herrlicher Tag.

Ich schrieb mal eine Unterhaltung zwischen Peter, einem Freund von mir, und Phil Osof, die ich hier wiedergeben möchte:

„Der Mittelpunkt bedeutet die Welt, die erzeugt wird, um ein Ziel zu erreichen", erläuterte dieser.

„Durch ein Ziel wird eine Welt erzeugt?"

„Um ein Ziel zu erreichen, benötigt man eine Struktur. Der Mittelpunkt gestaltet und ist diese Struktur. Er bewertet die Welt und den Menschen und stellt zusammen, was zum Erreichen des Zieles nützlich ist. Alles andere wird mehr oder weniger abgeschirmt."

„Sie meinen, der Mittelpunkt besteht aus den Fakten, die für das Ziel interessant sind? Und bringt den Menschen und die Welt in die entsprechende Form?", hakte Peter nach.

„Wie ich schon sagte:

Der Mittelpunkt ist die Struktur, die ein Ziel aus einem Menschen macht.

Er strukturiert die Wahrnehmung der äußeren Welt und die von einem selbst. Er wählt aus dem aus, was er vorfindet und von dem er meint, dass es einen Wert für das Ziel hat. Er gibt der Welt die Gestalt."

„Das hört sich wirklich an", meinte Peter, „als wenn durch den Mittelpunkt eine neue Welt entstünde."

„So ist es", nickte Phil Osof, „er gestaltet um. Das kann so weit gehen, dass man die Dinge so, wie sie eben noch waren, nicht mehr sieht, weil sie total umgewertet werden.

Der Mittelpunkt kann wie ein Zauberer sein, der alles blitzschnell verändert. So wird eine neue Welt geschaffen. Dadurch entsteht Freiheit, d. h. man nimmt vieles nicht oder nur noch am Rande wahr. Gleichzeitig ist man jedoch auch im Mittelpunkt gefangen und sieht etliches nicht mehr. Es tritt nur noch das in den Vordergrund, was wichtig ist. Alles andere vergeht sozusagen, hat plötzlich keinen Wert mehr."

„So ist der Mittelpunkt gleichzeitig Freiheit und Gefängnis?", wunderte sich Peter.

„So könnte man es ausdrücken."

„‚Mittelpunkte' nennen Sie also die Wahrnehmungswelt der Lebewesen?", wollte er wissen.

„Ja, die Welt- und die Selbst-Wahrnehmung. Was und wie Lebewesen wahrnehmen, hängt von ihren Zielen ab, oder anders ausgedrückt: Wir (also unsere Gehirne) bilden die Welt nicht einfach ab, sondern schaffen eine Wahrnehmungswelt auf der Basis unserer Ziele und des jeweiligen Aufnahmespektrums unserer Sinne. Die Menge der Informationen, die zwar der Welt entstammen, die wir (also unser Gehirn) aber letztlich selbst aus unserer menschlichen Sicht formen und nur innerhalb unserer Aufnahmekorridore erfassen können, muss selektiert werden. Dies besorgen die Mittelpunkte. Sie wählen aus, was zu den Zielen passt."

„Ich erinnere mich, dass Sie einmal ausführten: ‚Alles richtet sich nach Zielen aus'".

Wieder nickte Osof. „Lebewesen werden ausschließlich von Zielen gesteuert. Es gibt nichts, was seinen Ursprung nicht darin hätte."

Peter kam noch eine Frage in den Sinn: „Aber ist die Welt eigentlich nicht so, wie sie ist? Wie kann sie mal so und plötzlich ganz anders sein?"

„Wenn sich die Ziele ändern, ändern sich die Substanzen, denn für jedes Ziel werden andere gebraucht. Und wenn sie sich ändern, ändert sich auch die Welt, weil diese durch Substanzen zusammengefügt ist."

„Aus der Sicht des Menschen", warf Peter ein.

„Ja. Aber letztlich ist das, was wir sehen, immer ,aus der Sicht des Menschen'."

„Dann gibt es eigentlich gar keine ,Welt an sich'?", war er neugierig.

„Ja und Nein. – Natürlich kann die objektive Welt zum Beispiel mittels der Fotografie abgebildet werden, weil hier zunächst die subjektiven Einflüsse nicht vorhanden sind. Aber auch diese

Abbildungen ergeben sich aus der jeweiligen Perspektive.

Da dies generell so ist, kann man von einer ‚Welt an sich' nicht wirklich reden.
Was man aber sagen kann, ist, dass alles aus Substanzen besteht, die nach Gesetzen ablaufen. Dies ist dann letztlich die Welt an sich.

Darüber hinaus gibt es aber besonders seitens der Lebewesen nur Ansichten davon. Jedes Lebewesen sieht sie anders, von dem aus, was ihm wichtig ist. Und diese Sicht gestaltet seine Welt und ihn selbst. Die Welt ist kein starres Gebilde, sondern ein ‚Etwas', das unendlich vielfältig von den Lebewesen gesehen werden kann. Und es gibt so viele Welten, wie es Lebewesen gibt."

„Das würde bedeuten, dass wir selbst die Welt, die wir sehen, durch unsere Ziele machen."

„Genauso ist es.

Ich glaube, dass, wer auch immer die Welt sieht, sie nur aus seiner eigenen Perspektive erkennen kann.

In der Regel ist dies eine reale menschliche Perspektive, die uns unser Gehirn zeigt – also keine Illusion.

Und: Die **objektive Welt** kann natürlich mittels der Fotographie abgebildet werden – weil hier zunächst die subjektiven Einflüsse nicht vorhanden sind."

„Also kann ein Fotoapparat die Welt objektiv abbilden?"

„Ja, je nach der Einstellung (Entfernung, Auflösung, spezielle Perspektiven).
Der Fotoapparat kann aber auch damit nur eine Momentaufnahme machen."

„Dennoch", schüttelte Peter den Kopf, „bin ich der Meinung, dass die Welt letztlich so ist, wie sie ist und wir uns ihr anpassen müssen, sie also uns gestaltet."

„Natürlich", antwortete Osof.

„Aber ist das nicht ein Widerspruch?", wunderte er sich. „Was gestaltet nun Ihrer Meinung nach was: die Welt uns oder wir die Welt?"

„Zunächst gestaltet unser Gehirn die Welt nach seinen Zielen – vergleicht sie mit dem, was es gespeichert hat. Wenn Differenzen auftreten, die es wiederum nach seinen Zielen sieht (und diese haben eine gewisse Wertigkeit), dann lernt es dazu.

Peter überlegte. „Wir sehen sie also nach unseren Werten (Zielen). Und da jeder seine individuellen Ziele, die seiner Gruppe, seines Landes und die der jeweiligen Wertegemeinschaft in sich hat, sieht er dadurch die Welt."

„Genau", nickte Osof.

!! Die Welt, die sich uns zeigt, ist zwar zuerst da.
Aber, was der Mensch von dieser sieht bzw. wahrnimmt, entscheidet das Gehirn nach seinen Zielen. !!

Dazu Max Wertheimer[4]: ‚Es gibt Zusammenhänge, bei denen nicht, was im Ganzen geschieht, sich daraus herleitet, wie die einzelnen Stücke sind

---

[4] http://www.lern-psychologie.de/kognitiv/wertheimer.htm

und sich zusammensetzen, sondern umgekehrt, wo sich das, was an einem Teil dieses Ganzen geschieht, bestimmt von inneren Strukturgesetzen dieses seines Ganzen.'

„Und wir sehen immer nur die Welt, die unsere Ziele bilden?"

„Ja", nickte Phil Osof, „in diesem Sinne machen wir die Welt, wir können sie nur aus menschlicher Sicht sehen."

„Das war eine erschöpfende Auskunft", bedankte sich *GP*. „Wie ist Phil Osof auf die Mechanik der Mittelpunkte gekommen?"

„Nun, darauf kann man nur kommen, wenn man sich klar wird, dass alles nach Zielen gestaltet wird. Und Ziele brauchen, um erreicht werden zu können, bestimmte Strukturen. Alles, was nicht dazu beitragen könnte, wird nicht beachtet.

Ein Beispiel: Es stellt sich eine Frage zu einem komplexen Thema. Man findet eine Antwort. Die Folge: Man zieht in der Regel im Anschluss nicht mehr alle Faktoren hinzu, die zu dieser Frage in Betracht gezogen werden könnten, sondern nur noch die Faktoren, die die Antwort, zu der man sich entschlossen hat, unterstützen."

„Das heißt, durch die Festlegung verändert sich der Mittelpunkt?"

„Ja, zuerst war man in dem Mittelpunkt, der alle wesentlichen Fakten berücksichtigt, dann wurden nur noch die gesehen, die die eigene Meinung unterstützten."

„Sollte man mit seiner Antwort nicht richtigliegen, wäre das eine Gefahr für die richtige Antwort", schloss *GP*.

„Genau, alle anderen wesentlichen Faktoren werden plötzlich nicht mehr berücksichtigt."

„Dies sind wirklich interessante Beispiele, wie die Mittelpunkt-Mechanik funktioniert", schloss *GP* nachdenklich.

Epilog

Lassen Sie mich noch ein paar grundsätzliche Worte zu dem Verhältnis zwischen meinen (potenziellen) Lesern und mir sagen:

Menschen werden von Zielen geleitet. Diese können bzw. werden durch die Mittelpunkt-Mechanik beeinflusst. Auch derart, das, was gegen sie spricht, weniger oder gar nicht wahrgenommen wird.

Von diesen Abläufen merkt man in aller Regel nichts, weil es zur Routine gehört, die das Gehirn täglich ausführt.

Diese Einflussnahme trifft auch auf einen relativ großen Teil meiner Darstellungen bezüglich der Wahrnehmung durch die Leser zu.

Für die meisten sind dies wohl Beschreibungen, die nicht zu ihrem Menschenbild passen, das sie in sich haben.

Das ist bedauerlich.

Aber es geht mir nicht darum, solche Erwartungen zu bedienen, sondern zu schreiben, was ich durch meine Nachforschungen gelernt habe.

Wie z. B. das Thema Nachkommenschaft, das für alle Lebewesen eine große Rolle spielt.

Dazu möchte ich noch ein Gespräch wiedergeben:

„Warum werden eigentlich Kinder geboren?" empfing mich Justin.
Er war 26 Jahre alt, studierte Informatik und Mathematik, war wissbegierig mit einem schnellen Verstand und Sohn reicher Eltern, die ihn liberal und unkonfessionell aufwuchsen ließen.
Wir trafen uns regelmäßig in einem kleinen Bistro.

„Wie kommst du auf diese Frage?"

„Ich hatte mal den Ausdruck gehört: ,Sie hatten einem Kind das Leben geschenkt'. Das verstehe ich nicht."

„Das von einem Geschenk gesprochen wird?"

„Der Ausdruck erscheint mir unpassend."

„Du meinst, das Geschenk haben sich eher die Erzeuger gemacht?"

„Ja, weil ihr Gefühl sie dazu trieb. Wäre das Kind nicht geboren, hätte man ihm die ganze Palette positiver bzw. negativere Erlebnisse erspart.
Und – von einem 13-jährigen, dessen schweres Krebsleiden ihn nur noch ein paar Monate leben lassen würde, habe ich gehört: ‚Ich bin dankbar, dass ich leben durfte'".

„Nun ja", nickte ich, „schon am Anfang jeden neuen Lebens wird eine Gefühlskette aktiviert, die nach Leben strebt."

„D.h. also, sobald man gezeugt wurde, ist man im Griff des Lebens. Dieser lässt einem erst mit dem Tod wieder los.
Es geht dem Leben nicht um Erkenntnis. Sondern um die Mittelpunkte ‚Überleben und Nachkommen' zu erzeugen."

Justin fuhr fort: „Warum erzeugen die Menschen überhaupt Kinder? Obwohl sie wissen müssten, dass sie dadurch den Tod zeugen. Denn jeder Mensch muss mal sterben. Doch hauptsächlich deshalb, um ihre Gefühle zu befriedigen. Weil der Wunsch, Kinder zu haben, ungeheuer stark sein kann.

Es ist unglaublich, was Menschen alles anstellen können, um ein Kind zu bekommen."

„Wie du schon sagtest: Dazu drängen die Gefühle. So wird dies nicht als etwas Negatives angesehen", meinte ich. „Und – frag doch mal die Kinder, ob sie gerne leben und nicht froh sind, dass sie geboren wurden", argumentierte ich.

„Wie du eben ausgeführt hast: Sie werden selbstverständlich ‚ja' sagen", erwiderte er. „Weil sie im Mittelpunkt des Lebenstriebes sind."
Mag das Leben noch so grausige Ereignisse bieten wie Kriege, Naturkatastrophen, teuflische Krankheiten, Zeiten absoluter Not und des furchtbarsten Grauens. Alles wird nach kurzer Zeit dafür verdrängt. Die Aufmerksamkeit nimmt eine andere Richtung und es werden weiter Kinder geboren."

So erklärte Justin sich, dass die Mittelpunkte in den Menschen, wenn es darum ging, Kinder zu zeugen, dafür sorgten, dass Tod und Leid ihnen bei der Zeugung nicht ins Bewusstsein kamen. Mittelpunkte waren hier etwa: Sexualität, Fortsetzung des eigenen Geschlechts, Pflegetrieb, der Wunsch nach Verwirklichung seiner Vorstellungen.

„Dann ist Kinderkriegen für dich eigennützlich?`" fragte ich weiter.

„Ja. So sehe ich es. Es geht den Menschen um die eigenen Interessen und Gefühle."

Obwohl ich die Antwort zu wissen glaubte, fragte ich:
„Wem würde es nützen, wenn keine Kinder mehr geboren würden?"

„Den Ungeborenen. Es würde ihnen Leid und Tod ersparen."

„Wer würde eventuell durch diese Einsicht keine Kinder mehr zeugen?"

„Menschen, die den Nachwuchsdrang durchschauen können und die Kraft haben, daraus Konsequenzen zu ziehen."

„Wenn alle so denken, würde dann nicht die Menschheit aussterben?"

„Du weißt, das ist unmöglich. Dazu ist der Mittelpunkt Lebenstrieb viel zu stark.
Mir fällt ein", fuhr Justin nachdenklich fort, „dass es immer wieder, besonders aus dem religiösen Lager, Leute gegeben hat, die die Menschheit „erlösen" wollten.
In der Geschichte hat dies natürlich keiner geschafft, weil das wohl nur durch Verzicht auf Nachkommen möglich wäre.
Denn solange Leben geboren wird, wird es Tod und Leid geben."

„Ein ‚ewiges Leben' wäre also für dich kein erstrebenswertes Ziel?"

„Nein."

Er blickte nachdenklich aus dem Fenster.

„Ich habe mir schon häufig die Frage gestellt: Wohin will die Menschheit, was will sie eigentlich erreichen?

Einen Zustand des Friedens, der Freiheit, der Harmonie, der Erlösung?
Wenn man konsequent denkt und mit offenen Augen durchs Leben geht, dann sieht man, dass dies auf Dauer unmöglich ist.
Die Geschichte ist geprägt von Eigennutz – des Einzelnen, der Gruppen, der Völker. Dies ist die Natur des Menschen.
Sicherlich gab es viele Versuche, die Menschen auf den Pfad der Erlösung zu bringen. Doch alle diese Versuche sind letztlich am Leben gescheitert."

„Wenn diese Ansicht bekannt und bewusst werden würde, könnten dann nicht eventuell viele Menschen, besonders Frauen, zum Beispiel bezüglich ihres Pflegetriebes, den sie ohne Kinder ja nicht ausleben könnten, in einen schmerzhaften Konflikt geraten?"

„Ja. Sie haben die Wahl, sich ihren Gefühlen, die die Evolution geschaffen hat, zu unterwerfen oder der schlichten Erkenntnis zu folgen, die ich skizziert hatte.
Aber der Verzicht auf Kinder wird mit Sicherheit nicht auftreten, weil der Mittelpunkt Lebenstrieb, wie gesagt, übermächtig ist.

Die Menschen können, in aller Regel, hier nicht gegen ihre Gefühle agieren. Und sie wollen auch gar nicht. So gesehen sind Lebewesen auch Sklaven ihrer Ziele."

„Aber muss nicht letztlich jeder selbst wissen, ob er Kinder zeugen will, oder nicht?" fragte ich.

„Natürlich", antwortete Justin. „Ich wollte auch nur einmal die Problematik und eventuellen Folgen bewusst machen.
Jeder Mensch sollte nach seinem inneren Werten handeln. Und hier hat der Nachwuchs, wie bei allen Lebewesen, einen besonders hohen Wert."

Nun ja, dachte ich, das war die Meinung von Justin. Allerdings eine ganz und gar ungewöhnliche Ansicht, die ich noch nie vorher gehört hatte.

Printed in Great Britain
by Amazon

23296081R00116